帝影人心下的

權力、生活與道德的棋局

雍正駕崩真相、明代權臣降清、洋人看司法腐敗、鴉片戰爭論罪……

一探歷史的脈絡，就知道真相不是你以為的那樣！

張程 著

U0078291

堂堂明朝首屈一指的大學士為何降清？不只震驚朝野，還遭臭萬年！
當皇帝的人城府超深又滿腹經綸，為何總是被道士的「仙丹」矇騙？
社會底層的愛情自由、科舉考試公正性與否、宮廷中的性騷擾事件……

後人看歷史，往往覺得撲朔迷離，有時甚至感到荒謬可笑，
但只要你代入人物的處境，就知道當局者之迷、之苦、之難以逃避！

目錄

目錄

第四篇　去適應社會

第五篇　懸案霧重重

後記

第一篇
官場好風景

　　古代官場中有著五花八門的風景，有悲劇，更有令人啼笑皆非的丑劇。不管官場鬧出了多大的動靜，只要我們抓住了「權力」，就不會迷失了觀察的雙眼。同樣，只要權力所有者行事大公無私、透明坦蕩，那麼不論世事變幻、天災人禍都能坦然應對，上下一心了。本篇就是用權力的手術刀解剖發生在官場的離奇案子，看看到底發生了什麼病變。

官離不開僕：
隨從狀告知縣與官場利益

　　清朝晚期的一天，江西省廣信府玉山縣縣衙的稿案蔣福匆匆忙忙跑來找知縣王夢梅。有一樁案件，王夢梅已經判決了，駁了原告的要求。蔣福拿了原告的銀子，一定要王夢梅重新捉拿被告，翻案重審。

　　一個幫我打雜處理檔案的，公然跑過來要我翻案，如果我照你的話做了，顏面何存！王夢梅堅絕不肯。蔣福就和王夢梅在公堂之上吵鬧起來。漸漸的，蔣福竟然占了上風，由吵變罵，罵得越來越難聽。王夢梅憋紅了臉，還不了嘴，完全處於下風，就是不同意重新收押被告。最後蔣福噘著嘴出去。

　　蔣福何許人也，竟然膽敢當眾辱罵頂頭上司知縣？王夢梅又為什麼任憑他罵，卻不強硬起來處理蔣福？

　　這一切得從縣衙的權力結構說起，從王夢梅得官說起。王夢梅原本在江西省厘局當官，弄得民怨沸騰，有無數商人來控訴。王夢梅上下打點後被冠以「縱容司巡，任情需索」之名，拉出幾個司巡小吏處理掉，僅僅「記大過三次，停委一年」就將事情敷衍過去了。後來，江西來了個貪財的新布政使，王夢梅走了他的門路，花一萬四千兩銀子跑到玉山做了知縣。官是恢復了，但這麼一來卻將王夢梅所有積蓄花光了。

　　他不僅賠了之前貪汙的所有錢，還欠下了一屁股債，尤其買官就借了九千兩銀子。其中三千是錢莊上的一個朋友借的，另外三千兩是向一個師爺借的，王夢梅答應上任後聘請他管帳房。最後三千兩就是蔣福借給王夢梅的，王夢梅答應上任後聘蔣福在縣衙負責檔案。

　　王夢梅的情況有點特殊，但在清代，官員借貸上任是普遍現象。上下應酬打點都需要錢，多數官員，尤其是新官是拿不出這筆錢的。所以他們需要向錢莊和私人借貸。私人看中他們的權力，紛紛解囊，可也答應了許多「利息」要求。最常見的就是聘請自己擔任屬員和部門小吏，領取優厚的聘金當作本息，同時還能在處理政務時上下其手，撈錢撈好處。蔣福和王夢梅的情況就很有代表性。名義上，他們有主僕之分（這在古代是很嚴肅的關係），暗中卻是赤裸裸的利益。

　　所以，欠下巨債的王夢梅到任之後，一個帳房師爺，一個稿案蔣福，「凡事總想挾制本官」。起初他們兩個人在縣衙裡還有點不熟悉，後來他們二人竟以縣令自居了。

　　這次，王夢梅嚥不下去這口氣，就寫了一紙諭單貼在公堂之上。諭單的內容無非是告訴大家本官一清如水，如果有幕友、官親以及門稿、書役有不安本分、招搖撞騙、索賄之舉，一經查實，立即按例從重懲辦，絕不寬貸等等。

　　蔣福看到諭單後，知道是衝著自己來的，心中不高興了：「他出這張諭帖，一來絕了我的路，二來藉著清正的名聲，擺布我們。哼哼！有飯大家吃，無飯大家餓，我也不是好惹的。你想獨吞，叫我們一起餓著，沒有如此便宜！」蔣福想出了一個壞招，第二天王夢梅退入後堂之後，他把所有書役召集起來宣布：「老爺叫大家回來。我們老爺為官清正，從來不多拿一個錢，而且最體恤百姓了。老爺知道地方百姓苦，決定今年

的錢糧完全照著制度來，不多收。這件事昨日已經定了，等貼公告。同時，你們這些書役除掉照例應得的工錢，不准在外頭多要一個錢。查出來，無論是誰，一定重辦！」

蔣福是什麼人？是被大家稱作「二爺」的實權人物。他的話書役們哪敢不當真。很快，蔣福的話就傳了出去，鬧得全城皆知。

當時正好是縣裡徵收錢糧的時候。縣裡徵收錢糧，從來不按照朝廷制度巧立名目，唯恐不能多徵多收。大小官吏的「灰色收入」、家庭的奢華花費甚至是供養情人、吃花酒、行賄買官的錢都來自於此。百姓苦於苛捐雜稅，現在聽說新來的縣令今年決定嚴格「依法辦事」，豁除錢糧浮收，都興高采烈地等待正式的公告貼出來後，再去繳納錢財。

結果，一等三天，公告不曾出來。這三天裡，縣衙是一分錢糧也沒有收到。

坐在縣衙裡的王夢梅很奇怪，怎麼好端端的三天裡頭一個錢也見不到？一聽說，才知道這是蔣福做的好事。這一氣非同小可，恨得王夢梅要把蔣福打三千板子，好好出一口氣。眾位師爺趕緊勸住王夢梅，說：「這事鬧出來不好聽。」王夢梅說：「被他這一鬧，我們還賺不賺錢了？」錢谷師爺說：「不如打發了他。我們並沒有說豁免浮收的錢糧，蔣福的話不足為憑。」

王夢梅覺得有理，就叫姪子去開除蔣福，要他立刻捲鋪蓋滾蛋。那姪子問：「三千兩銀子怎麼說？」王夢梅說：「等查明白了他經手的檔案沒有弊病，才能給他。」

姪子不敢多話，只好出來告訴蔣福。蔣福就說：「要我走很容易，只要把借的那三千兩還我，我就走。還有，從前老爺說過『有福同享，有難同當』，現在老爺升官發財了，我們做跟班的出了力、賠了錢，只落得

一個半途而廢。這利錢之外，總得貼補點才好吧？另外，我在幾樁案子裡弄的錢都交給老爺了，小的事情就不說了，上次孔家爭過繼和胡家盧家退婚的兩樁案子，少說也賺了上萬兩銀子。老爺一共拿了我一萬四千幾百兩銀子，連著補貼我的盤纏就算他一萬五吧。老爺他是做官的人，想必不會盤剝我這個做下人的。求姪少爺替我美言。」

蔣福說得輕巧，其實是在三千本金之外，還要向王夢梅討要一萬兩千兩的「遣散費」，一共是需要一萬五千兩才能打發掉他。王夢梅一家人自然不同意了。就算是同意，王夢梅新官上任沒多久，也拿不出這麼多錢來。蔣福的條件沒有得到滿足，就賴在縣衙不走了。

蔣福和玉山縣上級廣信府的稿案是同鄉又是親家，關係極其要好。那個稿案的情況和蔣福相似，也在知府面前說一不二。當天，蔣福就找到這個親家，說王夢梅不還錢，要到府裡控告，求親家幫忙。親家於是拍著胸脯保證。當天，廣信知府就收到了蔣福告王夢梅的控告信。

在信裡，蔣福當然沒有說自己借錢給王夢梅買官，王夢梅上任後如何賴債等事，而是將王夢梅上任以來貪贓枉法、違規的事情都一一控訴。

廣信知府看完訴狀，腦袋疼痛不已。「這個小王怎麼搞成這樣，如何收場？」

知府和王夢梅的關係很好。王夢梅到任以來，處處巴結知府，知府心裡向著王夢梅，決心壓下這紙訴狀，讓當事人「私了」。這些「官場潛規則」如果暴露出來，不止是王夢梅，不止是廣信知府，全省上下大小官吏臉上都不好看。於是，知府找來刑名師爺，要他出面「開導開導」王夢梅，把事情化解。

刑名師爺就派人拿著名帖到玉山縣，請王知縣便衣來訪。王夢梅如

約而至。寒暄過後，刑名師爺說了蔣福來府裡告狀的事情，又提到了知府意思，說：「知府大人說，大家一團和氣，不要弄出笑話來。你把錢還他，其餘無憑無據的事我們也不能容他放肆。」

王夢梅聽了這話，臉上一紅，知道隱瞞不了，就把來龍去脈說了一遍。「現在已經三天沒有人來交錢糧。兄弟心裡恨死那個蔣福，雖然有些錢，也要叫他難過幾天再給他，並沒有賴債的意思。至於蔣福控告兄弟的那些事情，純屬子虛烏有。我的所作所為，大家都是看在眼裡的，府臺大人是精明不過的，我即使有什麼不法行為還能瞞過府臺大人和您的眼睛？我如果貪贓枉法，不要說對不住府憲，連您也對不住。」

刑名師爺平靜地說：「蔣福的那些控訴，誰有工夫去聽，我也不過當作閒話而已。只要你早一天給他錢，早一天讓他滾蛋，大家耳根清淨，不都沒事了嗎？」

王夢梅忙道：「這蔣福原是一個朋友推薦的，說他可靠。我當時若是不缺錢，也不至於用他的錢。」刑名師爺說：「是呀，你只要還他就是了。」王夢梅說：「兄弟遵命。明天我便把三千兩拿過來，放在老夫子這裡。兄弟那裡，總要查過他沒有弊病，才能放他滾蛋。」

刑名師爺知道目的達成，借勢給王夢梅一個臺階下：「很好，就這麼辦。蔣福有弊病，我就告訴府臺大人，我們重重地辦他一辦。」說完，王夢梅告辭，第二天就帶來一張三千兩的銀票。師爺再交給蔣福。蔣福在壓力下，收拾東西回省城，給下一個長官當隨從去了。這一樁隨從狀告長官的案子，全靠知府從中斡旋，蔣福不敢多要，王夢梅也未曾出醜，大事化小，小事化了。

快過年的時候，府裡的刑名師爺寫信給王夢梅，說年關困難，請借五百銀子過年。王夢梅回了一封信說，小弟兩袖清風，年關也很吃緊，

但老夫子的忙是一定要幫的，隨信寄去二百兩銀票（王夢梅的月俸是紋銀四十八兩），「聊表心意」。這個案子就算徹底過去了。

蔣福控告王夢梅案，奇就奇在他的身分。他只是王夢梅僱用來幫助處理文案的下人。王夢梅一個欽命知縣，主政一方，竟然被一個下人脅持，處於下風，著實可憐。古往今來，官員被身邊的「小人物」脅迫，「離不開」身邊人的情況不在少數。一些官員新官上任，不熟悉業務、不了解情況，甚至不會說官話，需要依靠跟班隨從，情有可原。這種情況會隨著官員進入角色得到改變。怕就怕，像王夢梅這樣從上任到主政都被隨從脅持，極難擺脫隨從的束縛，更毋庸說為官造福一方了。

官離不開僕，說到底是當官的有把柄，如果官員們都清清白白做官、堂堂正正做人，自然就不存在「官離不開僕」一說了。

假官轉正：
離奇的假冒內閣中書案

　　一天，明朝江寧縣的施御史和秦中書收到了高翰林的請柬，邀請他們和縣裡的兩位秀才來家一聚，會會一位到訪的官員。

　　施御史和秦中書到高家後，高翰林叫管家去催到訪的「萬老爺」，邊介紹說：「這位萬朋友叫萬里，是浙江最有用的人，一筆的好字。二十年前，我還是秀才的時候就在揚州會過他。他那時也是個秀才，但是言談舉止不俗。他在揚州比我過得得意。我進京後就和萬大人失去聯繫了。前日，他從京師回來，說已經擔任了內閣中書。」

　　高翰林看看秦中書，說：「萬大人和秦大人還是同衙門的呢。」秦中書笑道：「既然是我的同事，為什麼要高大人做東道啊？明日，我請大家都到我家去。」

　　這個內閣中書是什麼官呢？為什麼都是中書但萬某和秦某竟然互不相識呢？所謂的內閣中書，就是內閣裡面的辦事人員。官名中既有「內閣」又有「中書」，乍聽下能夠嚇趴一大片人，可品級一般，頂多算個中層幹部，雖然守在皇上身邊卻沒有什麼實權 —— 內閣大學士都只是皇帝的祕書而已，祕書手下的小鬼的權力就可想而知了。就因為內閣中書中聽不中用，新晉進士幾乎都不願意擔任此官。頭等進士選擇翰林院，走

文雅和高層路線；第二是去謀求實職，比如各省縣令和各部主事；再不濟的，才去內閣做抄抄寫寫的中書，希望早日謀得一個實職。這麼一個有虛名無實權的職務，決定了它的編制必然日益膨脹。很多官員被安排在內閣中書職位上混日子退休，那些花錢捐官的富人也被安插在這些職位上，導致朝廷的內閣中書超過百人。內閣辦公的時候像現在的大樓辦公室一樣，黑壓壓一大片人。人滿為患，老闆對中書們睜一隻眼閉一隻眼。江寧的秦中書是花錢買的官，得官後乾脆待在家裡，不去內閣上班了，當然不認識同樣懶散、四處遊蕩的萬中書了。

不多時，萬中書已經到了門口，高翰林趕出來，拱手立在廳前，叫管家請轎，開了門。萬中書下了轎，只見他五十歲左右，頭戴紗帽，身穿七品官服，急趨上前，拜揖敘坐。兩人相互客氣地來到正廳和四位來客相見。六人大談科舉學問，許些將來少不了互相照應的空話。

秦中書看萬中書年紀也不小了，想必憑資歷可以補個實缺了，就和他攀關係道：「老先生何時才能補得實職？」萬中書不卑不亢地回答：「中書的班次，進士是一途，監生是一途。學生補的是辦事職銜，不是科舉出身，將來想升到翰林學士都是不可能的。所以，近來很難得缺。」既然萬中書都說自己是走後門得的官，秦中書不便再問：「有了級別不一定做官，不做就不做了吧。」萬中書於是客氣地岔開話題，和兩位秀才聊了起來。

眾人到西廳飯畢，高翰林叫管家開了花園門，請眾人賞花。他自己則拉著萬中書的手，談得火熱。官場講究的就是人脈。初次見面，江寧的眾人就和萬中書「一見如故」，稱兄道弟了。

告別時刻，秦中書拉著萬中書道：「老先生一來是高翰林的舊友，二來小弟又僥倖和您共事，將來補選了大概總在一處。明日千萬到舍間一

敍。」萬中書含糊地答應了。

第二天，秦中書在家大擺宴席，盛情款待萬中書，邀請高翰林、施御史作陪，還請人唱戲。秦中書恭請萬中書點了一齣戲，戲子才唱了一聲，只聽見大門口忽然一棒鑼聲。江寧縣的方知縣帶著二十多個捕快，氣沖沖地衝了進來。兩個捕快走上前，把萬中書一手揪住，用一條鐵鏈套住脖子，抓了出去。秦中書等人哪見過這種場面，嚇得面面相覷。方知縣也不解釋，一言不發地回去了。

這算什麼事啊？堂堂的內閣中書在三位同僚注視之下，被地方官抓走了！

秦中書、施御史都質問高翰林這是怎麼回事？高翰林叫屈說「小弟絲毫不知」、「怎曉得他暗地裡有什麼事？」但是萬某是在秦府被抓的，遲早傳得盡人皆知，「這個臉面也不甚好看！」秦中書、高翰林和施御史三人對此不能不插手了。如果三人不管不問，萬中書一旦查明是清白的、無罪開釋，日後雙方就難以相見了；萬中書一旦查明有罪，三人更得早日有所行動，與萬中書劃清界限，免得株連自身。「唉，誰叫我這兩天和這個姓萬的走得這麼近，稱兄道弟的，現在是不想蹚這渾水也難了！」秦、高、施三人都在心中暗暗叫苦

三人差秦家的管家去縣衙裡打探消息。

原來萬里是被牽涉進了浙江省臺州總兵苗而秀的案子裡。苗而秀海防不力被浙江巡撫參奏革職。官府在抄苗家的時候，查到了萬里拍苗而秀馬屁的詩文。於是臺州知府發文江寧縣緝拿萬里歸案。

秦中書等人得報，心裡鬆了一口氣。萬里的這點事情，芝麻點兒大，根本就不算什麼事嘛。古代書生經常做這種爛事，拍有錢人和當官的馬屁撈取點散碎銀兩，俗稱「打秋風」。追究起來，打秋風並不犯法，

頂多算個人的品行有瑕疵。萬里無非是拍馬屁拍錯了對象，怎麼就被抓起來了呢？因為苗而秀的案子經由巡撫上奏給皇上，已經是中央督辦的「欽案」了。那各級衙役還不把握「立功的機會」，寧可錯殺一千也不放過一個。想到這，秦中書等人覺得事不宜遲（遲了說不定自己也被貪功的辦案人員列入黑名單），得趕緊疏通官府，打點上下，把萬中書給「撈」出來。

親自來抓人的方知縣是個浙江人，看到老家發文來拿人，特別上心，抓住萬里後第二天就準備押送臺州。

事情緊急了，秦中書只好求助一個能人：鳳四老。

鳳四老是「四十歲的大漢，兩眼圓睜，雙眉直豎，極長的烏鬚垂過了胸膛，身穿元色緞緊袖袍，腳上一雙尖頭靴，腰束一條絲鸞絳，肘上掛著小刀子」。別看打扮不倫不類，秦中書對高翰林、施御史誇耀說：「這位鳳長兄是極有義氣的人，會《易筋經》。哪怕幾千斤的石塊，打在他頭上、身上，他都毫不害怕。」完全是一個專門替人解決麻煩、半黑半白的「俠客」形象。

鳳四老當晚就在牢裡見到了萬里。萬里只求鳳四老相助，話語閃爍，讓鳳四老生疑。因為萬里對方知縣稱自己「今歲在京，因書法端楷，保舉中書職銜」，方知縣對老鄉很照顧，讓他「原身鎖解」回籍。於是，三個差人陪著一身官服的萬里出發了。出了縣衙不久，神通廣大的鳳四老引著萬里和差人們走入一座宅院，當下把差人安頓好，拉著萬里走入二層一間書房裡坐下。

四下無人，萬里對鳳四老納頭便拜。鳳四老問道：「萬先生，你的這件事不妨老實地對我說，就算有天大的事，我也可以幫你。說含糊話，那就罷了。」萬中書道出原委：「我本是個秀才，不是中書。只因家計艱

難，沒奈何出來走走，那些商家同鄉紳財主們才肯有些照應。」假冒內閣中書原本只為騙吃騙喝，沒想到被方知縣將官職寫入案卷，又鬧得江寧滿城皆知，現在原身押解回臺州，他這個冒牌中書就原形畢露了。

萬里聲淚俱下，言辭悲切。二十多年來，萬里屢次名落孫山，連個舉人都沒撈著，年近半百後只好假冒官員，四處騙吃騙喝，解決溫飽，聽起來讓人同情。古代科場中，金榜題名當官吃皇糧的人只是少數，多數人最後都像萬里一樣蹉跎一生，晚年生活困難。其中最典型的就是考了三十多年都沒取得舉人功名的范進，「抱著雞，手裡插個草標，一步一踱的，東張西望，在那裡尋人買」。那可是他家裡唯一的雞，因為「今日沒有米，要賣這雞去救命」。只要中了舉人及以上的功名，讀書人就有了做官的資格，生活境遇大變。即使做不了官，也可以在鄉間主持活動、出頭辦事，生活沒有問題。比如范進中舉後，平日根本沒有往來的大富豪張鄉紳立刻來道賀，說「你我年誼世好，就如至親骨肉一般」，見范進生活「果然清貧」還急著要送他一所宅院，「就在東門大街上，三進三間，雖不軒敞，也還乾淨，就送與世先生，搬到那裡去住，早晚也好請教些」。現實中的萬里屬於失敗者，在老家沒臉見人，只好浪跡天涯，冒充官員維持生計。

現在，萬里拍苗而秀馬屁一案，頂多革除秀才功名，假冒內閣中書可不是革除功名打板子那麼簡單了。

鳳四老聽完，要萬里先住下，又安排人好酒好菜把三個差人安排好，把押解一事壓下來。自己趕緊趕到秦中書家去，商議對策。

一到秦中書家，鳳四老叫道：「閉門家裡坐，禍從天上來。」秦中書慌了，忙問怎麼回事。鳳四老說萬里的「中書還在判官那裡造冊」、「莫怪我說，老先生的事只怕也就是『滾水潑老鼠』了」、「官司夠你打半生！」

　　鳳四老的話言過其實了吧？萬中書的官是假的，可高翰林、施御史、秦中書三個人的官可是真的。他們是在家招待了冒牌的「萬中書」，可並不知情。說好聽點，是他們熱情好客，維繫同僚感情；說難聽點，是他們缺乏警惕，不是不小心，而是騙子太狡猾了。不管怎麼說，秦、高、施三人都不應該被牽涉進苗而秀的案子，更不必為假冒內閣中書案承擔責任。然而，法律規定是一回事，能否依法辦事是另外一回事。說不定浙江的辦案人員就把他們三人牽連進去了，說不定官場上流言蜚語出來了，說「高翰林幫助老朋友萬里冒充內閣中書」或者「秦中書和假中書在家中密謀」等等，更難聽的話都能出來。高、施、秦幾個人是跳進黃河也洗不清，即使最後證明了清白，仕途也走到了盡頭。

　　所以，秦中書等人聽了這些話，目瞪口呆。原本以為只是拍馬屁拍錯了地方，沒想到卻變成這樣。不管心中已經將萬里千刀萬剮了多少次，他們三人必須要幫萬里度過難關。就如鳳四老對秦中書總結的一樣，「他的官司不輸，你的身家不破。」

　　萬里假冒內閣中書，人證物證俱在，一送回臺州就人贓俱獲了。怎麼才能幫他洗刷呢？

　　鳳四老告訴秦中書：「若要處理乾淨，乾脆替他買一個內閣中書的官位。買官的錢，叫他寫借據，等他贏了官司上任，叫他一五一十還回來。即便還不了，也比受罰要好。」

　　我受騙了，竟然還要花錢替他買官！秦中書百般不願，看看鳳四老認真的樣子，又想不出更好的辦法。把假中書「做」成真中書，的確是一勞永逸的好辦法。秦中書咬牙切齒地砸拳在桌子上。罷了，替萬里買個官。於是，秦中書拿出一千二百兩銀子，拜託高翰林出面買官：「買官一半靠錢，一半靠人情，就拜託高大人了。我也知道在京城需要銀兩

打點，如果錢不夠，儘管向我拿。」高翰林趕緊照例寫了一份買官的揭帖送到內閣，先替萬里排隊。施御史則連夜叫人進京，拖著老臉替萬里去辦。三人不惜代價，連夜辦理，想必萬里的「內閣中書」馬上就可以「轉正」了。

鳳四老連夜趕回安頓公差們的宅院，向萬里道喜，指點說：「明日，萬先生應該穿著這身官服，去高、秦兩家道謝。」萬里喜出望外，忙說：「這是應該的，就怕不好意思啊。」

第二天早早起來，鳳四老催著「萬中書」去謝高、秦兩家。萬里的名帖送入兩家，兩家的人都出來說：「我家大人不在，勞煩萬大人白跑一趟了」。萬里十分尷尬，鳳四老則哈哈一笑，帶著萬里回了宅院。

現在萬里可以光明正大地回臺州原籍了。他的「內閣中書」如今有案可查，貨真價實，拍馬屁一事也可大事化小，小事化了了。於是，鳳四老也收拾了行李和三個差人一起送萬中書回臺州審官司了。

萬里一個落魄書生，行走江湖的騙子，一夜之間衣錦還鄉。這椿離奇的假冒內閣中書案以喜劇結束。

回顧這椿案子，有兩點值得深思。第一，之所以不斷有人冒充官員行騙，根本原因是「官」字能帶來巨大的利益。以范進為例，他和萬里年紀相仿，屢試屢敗，三十多年來除了周圍鄉親和親友們的輕蔑和嘲笑外，一無所有。見到殺豬的岳父胡屠戶，范進像老鼠見到貓一樣，胡屠戶動不動就訓斥范進「我自倒運，把女兒嫁給你這丟臉的傢伙」，罵他是「沒用的人」。范進鄉試沒盤纏，向胡屠戶借錢。胡屠戶罵他一頓。范進中舉後，受不了刺激發瘋了。眾人商議叫胡屠戶像平常一樣打女婿一巴掌，以毒攻毒，把范進打清醒。胡屠戶堅決推辭：「雖然他是我女婿，如今卻做了老爺，就是天上的星宿。天上的星宿是打不得的！」胡屠戶見

范進衣裳後襟滾皺，走路時都跟在女婿後面，低頭替他扯平衣服。如果大家對當官者淡然處之、平等相待，想必不會有人冒險去假冒官員了。范進中舉後並不比中舉前更能幹，學問更高。如果胡屠戶依然罵中舉後的范進沒用，那麼范進就不會覺得中舉有什麼好處了。

「萬中書」案更危險的一面是：官官相護，官員形成了利益共同體。沒事的時候，官員之間呼朋喚友，聯繫感情；有事的時候，相互照應，辦事方便；出事的時候，互相包庇，你好我好大家好，你欠我人情，我欠他人情，他欠你人情，最後大家變成一張網。高翰林、秦中書和施御史就是江寧縣的一張小網。他們原本想把「萬中書」也新增到小網裡，可惜這個萬中書是假的，還給小網帶來了威脅。為了洗刷自己，為了穩固小網，高、秦、施把假中書變成真中書。需要注意的是，秦中書的錢是借給萬里的，借錢就要還。鳳四老說了，日後萬中書還不了也沒關係。因為萬中書成了真中書，沒有真金白銀還，也欠了人情，日後秦中書等人需要幫忙的時候萬中書不能推脫。萬中書最後還是成為了秦中書那張小網的一部分——儘管江寧三個人的代價有點大。

試想一下，如果一件政務落到了高翰林、秦中書、施御史和萬中書等人中，不管這件事被處理得再怎麼離奇、再怎麼駭人聽聞、再怎麼驚世駭俗，我們都不會太意外。

強盜做好官：
唐僧父親赴任被殺案

　　唐朝貞觀初年，蘇北考生陳光蕊高中狀元，被授予江州刺史之職，又迎娶了嬌妻滿堂嬌。一時間，人生四大喜事中除了「久旱逢甘霖」和「他鄉遇故知」難以實現外，「金榜題名時」和「洞房花燭夜」都被他占了。陳光蕊的運氣也太好了，好得讓人嫉妒！

　　只見他左手擁著嬌妻，右手舉著官憑（任命書），高高興興準備赴任了。陳光蕊寒窗苦讀十餘年，現在終於迎來了收穫。他覺得應該好好享受一下，吩咐家人王安去找赴任船隻後，又叫妻子準備美酒，要小酌幾杯。他沒什麼理想與追求，「世間萬事，唯酒消愁」就是他的人生態度。

　　沒過多久，王安帶著一個叫劉洪的船伕來見陳光蕊。

　　陳光蕊看了劉洪一眼，點點頭，就僱用他了。夫人滿堂嬌拉拉他的衣角，悄聲說：「這個人不適合，他面色可惡。」

　　陳光蕊不以為然：「夫人，你多想了。你又不能未卜先知。」

　　滿堂嬌解釋說：「我是不會未卜先知，但我端詳這個船伕，看他脅肩諂笑、趨前退後、張皇失措，不像個好人。」

　　陳光蕊自負地說：「不礙事的。」

　　就這樣，剛愎自用的陳光蕊糊里糊塗地上了劉洪的船，往江州而

去。陳光蕊喝著小酒，看看滿堂嬌，覺得不對勁。「娘子，你現在好歹也是刺史夫人了，怎麼能不打扮？倘若在江上遇見朋友，或者官場中人，怎麼相見啊？」在他的堅持下，夫人滿堂嬌雖然不情願，也不得不穿上光鮮亮麗的衣服，打扮得漂漂亮亮的。

滿堂嬌的見識就是比丈夫陳光蕊要多。那個船伕劉洪果然不是好東西。他一直思索著怎麼搶劫沒有絲毫警惕性的陳光蕊的財物，現在見陳夫人美若天仙，動了謀財害命霸占嬌妻的歹念。劉洪先把王安推入江中，然後持刀向陳光蕊說明來意，要加害於他。

陳光蕊一介文弱書生，想都沒想過如此情景。他語無倫次地哀求：「我與你無冤無仇，為何害我？」末了只會抱住夫人痛哭，哭得渾身發抖。劉洪一把揪住他，白刀子進紅刀子出，再推入江中餵魚。

大唐的新科狀元、江州刺史，就這麼輕易被人殺害了。

陳光蕊的妻子滿堂嬌當時懷有身孕，為了肚子裡的孩子，她面對劉洪不得不忍辱負重，虛與委蛇。劉洪霸占了滿堂嬌後，看著陳光蕊的官憑、官服，想出了一樁更驚天動地的惡行。他要奪取陳光蕊的一切，包括陳光蕊的江州刺史一職。於是，他穿戴整齊，像模像樣地頂替陳光蕊到江州上任去了。江州來了一位新刺史，水照流生意照做，一切照舊。冒充陳光蕊的劉洪從江州刺史起步，連續十八年都待在江州為官。到第十九年，劉洪被揭穿了。原來滿堂嬌到江州後產下一個男孩。為了不讓孩子落入惡棍劉洪之手，她把男孩拋到江中，寫血書說明身世。這孩子後來被金山寺的長老搭救，長大後剃度為僧。他知道身世後，回江州找到母親，報仇雪恨。

我們之所以知道早死的陳光蕊，主要是因為他的兒子——是那個大紅大紫的和尚。陳光蕊兒子出家後的法號是玄奘，因為代表唐朝去西

天取經而被叫做「唐僧」。在《西遊記》裡，陳光蕊是不折不扣的配角，寫得很簡單。可在《西遊記》成書之前，陳光蕊的故事就在流傳了，沒有受到刪減，形象相對豐富。唐僧的父親被塑造成一個「幾年積學老明經，一舉高標上甲名」的書生，對世事一竅不通，看不出在政治上有什麼抱負和能力。他的被殺一定程度要歸咎於自身。

陳光蕊赴任被殺案現在看似離奇，可在明清時期的民間文學中是相對常見的情節。有許多作品提到了官員赴任途中遭遇不測的故事。比如《警世通言》第十一卷〈蘇知縣羅衫再合〉講了一個更具體的故事，是明朝永樂年間蘇雲赴任浙江蘭溪知縣，半路上遭強盜徐能搶劫。蘇雲同樣被拋入大江，蘇夫人則僥倖逃脫，但是剛生下的嬰兒被徐能養為己子，取名徐繼祖。十九年後，徐繼祖中了進士，當了監察御史，這才報仇雪恨。

還有更離奇的故事，強人為了冒充遇害者的官職，還要迫害相關認識的人，設計連環扣，犯下連環案。如果將這些故事改編成影視作品不會遜色。文學來源於生活，民間文學對官員赴任被殺案的描繪和讀者的津津樂道，說明這類案子不僅有真實案例，而且還不少。

朝廷官員威嚴莊重，為什麼屢屢有官員沒上任就在途中被殺呢？因為疆域太大了。一個官員拿著官憑，從京城到任所，沿途即便沒有千山萬水，走成百上千里路實屬正常。而且官員要迴避在原籍當官，赴任途中走的都是陌生的道路，加上語言又不通，著實困難。有驛站？是，朝廷是有驛站，但局限在主幹道和要害地點，遠遠沒有覆蓋全部國土。總之，官員上任免不了孤單地走偏僻小路。況且科舉之後，讀書人通常忽視全面發展，尤其是「體育」不好好學，他們當官後，帶一兩個隨從，遠涉他鄉的確很危險。為什麼朝廷不派官兵護送官員上任呢？這個主意

不錯，一個官配上十個兵沿途護送，既安全又威風。問題是，養這十個兵的費用和他們幾個月往返的盤纏誰來支付呢？如果從國庫拿銀子，那朝廷的隊伍豈不是要擴充十倍了？所以，明清時期的官員們咬咬牙，就是借高利貸也要湊一隊家丁，拿著棍子刀槍，護送老爺上任。

唐僧父親赴任被殺案的重點是強人殺了真官後，膽敢冒充官員上任。他們就不怕被人拆穿嗎？不是不怕，也不是他們膽子大，而是古代沒有照相技術，更沒有身分證或者網路，驗證官員真偽很複雜、很難。往往是，一個年輕人拿著一紙官憑，就說自己是某某某，新任某某官。對方最多看看那紙上的朝廷大印是不是真的，上面有沒有錯別字，對這個年輕人是否就是某某某則無法當場驗證。如果懷疑，你可以跑到京城的吏部去查證，可吏部見過的相關人等也只能描述大致長相。如果冒充者不是體形相貌明顯不對或者真人有特殊長相（比如身高兩米、左手七個手指頭），騙局很難被揭穿。

老舍的父親當年在紫禁城裡做禁軍軍官。他出入宮門全憑一張寫著「面黃無鬚」字樣的腰牌，核對一下就進去了。皇上身邊禁軍的身分驗證尚且如此，地方官上任還想嚴格到什麼地方去？

最大的問題是：這些冒充官員的人能做好官嗎？

如果不會當官，把政務搞得一團糟，冒充的人立刻自我暴露。可這些人做官做得好好的，非但沒有出什麼紕漏，各方面關係處理得都沒問題，有的還做出了成績，得到了上級的誇獎。《清朝野史大觀》記載（正史不會記載這類讓官府丟臉的事情），康熙初年新任池州知府郭某在赴任途中被強盜殺害，妻兒被強盜擄掠。強盜發現官憑後，也冒名到池州上任。冒牌官的日子過得舒服，就是不斷有親朋好友來池州拜訪。這些親友進了知府衙門就沒有出來過 —— 全被強盜殺死了。重要的是，人家把

池州治理得井然有序，辦起事來頭頭是道，百業興旺發達、人民安居樂業。年終考核的時候，上級給假知府評了「政理精明」。唯一讓上級官員有點不滿的是，池州府的錢糧收齊了，可就是遲遲不願送到省裡來。

後來，郭某的一個小舅子發現身邊的親友一去池州不復返，覺得蹊蹺，也跑到池州。他沒有直接去見姐夫，而是在路上觀察知府模樣。池州知府竟然不是姐夫，肯定是假冒的。小舅子就混入知府衙門，從被羈押的姐姐那裡得知真相，趕緊報案。

安徽省衙高度重視，調重兵殺入池州，圍住知府衙門，抓獲假知府真強盜。調查發現，池州府衙有白銀八萬兩。據說強盜準備收齊十萬兩稅銀後，捲款潛逃，過逍遙日子去，可惜功虧一簣了。最後，這個強盜被處決了。

假設真正的郭知府沒在途中被殺，上任後能否取得假知府那樣的成績呢，又能否擁有假知府那樣的聲望呢？很難說。就像唐僧的父親陳光蕊如果沒死，就任江州刺史後也不一定能宦海沉浮十八年，單看他在遇害前表現出來的剛愎自用和虛榮懶散，陳光蕊能否當一個稱職的刺史都是問題。古代讀書人，尤其是科舉制後的讀書人，絕大多數都沒有全面發展，讀書人光知道讀書，花拳繡腿的多，真才實學的少。一旦遇到問題，從書齋裡出來的新官們還真不能解決。強盜們就不一樣了，他們畢業於社會這所大學，知道社會實情，做了強盜後眼界大開，冒充起官員來把政務處理得好好的。因此還沒在哪部明清作品中看到哪個強盜冒充上任後因為不會當官而被人戳穿的。

強盜做官做得比真的官好，這便是關鍵問題。追究下去，大概是官員選拔的標準出了問題。

皇帝的棋子：

李敢刺殺衛青案中的各色人等

　　漢武帝元狩四年（西元前 119 年）年底的一天，長安城大將軍府裡傳出了淒厲的叫聲。

　　「有刺客！」侍衛武士們奮勇跑去，驚訝地看到大將軍衛青正和年輕的李敢扭打在一起。李敢手持利劍，衛青死死握住他的手，前胸有一處傷口在冒血。

　　侍衛們愣了一會兒，趕緊七手八腳地把李敢拉住。幾個侍衛奪下他的利器，其他人拉開他和衛青的距離，還有人在旁邊好聲相勸：「小爺，你這是為何啊？快住手。」李敢掙扎著，罵不絕口：「我要殺死衛青！」衛青被眾人扶坐下去後，指著李敢，欲言又止。

　　這個行刺大將軍的李敢是誰？侍衛們為什麼對他這麼客氣？這個李敢可不是一般的刺客，而是當朝的關內侯、郎中令，還是剛剛死去的一代名將李廣的兒子。李敢曾隨父親征戰，也曾隨霍去病出擊左賢王，力奪匈奴左賢王的鼓旗，斬首眾多，被賜爵關內侯，食邑二百戶，年紀輕輕就成了朝野中矚目的一號人物。侍衛們哪敢對他不客氣啊？

　　李敢出身清白，前途光明，為什麼要刺殺大將軍衛青呢？

　　李敢行刺是為父親李廣報仇，他認定衛青害死了父親。

　　這一切還得從當年發生的一件大事說起。西元前 119 年，漢武帝發動了漠北戰役，傾全國之力希望徹底解決匈奴問題。朝野上下對這次戰役精心策劃，由衛青、霍去病各率五萬騎兵由定襄、代郡出擊，跨大漠，遠征匈奴本部。經過多次交手，匈奴早已不是對手了，所以此戰的勝算很大。

　　李廣對這次戰役寄予了厚望，準確地說他把一生的抱負和追求都押在了這次戰役上。

　　每一個戰士都希望建功立業，希望能封侯拜將。李廣也一樣。他資歷很深，身經百戰，卻一直沒有實現封侯的夙願。李廣有縱橫疆場、殺敵封侯的能力。他出身將門世家，從小箭法出眾，加上身高過人，有猿猴一樣的長臂，是名武藝高超的善射武士。唐代詩人盧綸在〈塞下曲〉中形象地描繪了他的風采：「林暗草驚風，將軍夜引弓。平明尋白羽，沒在石稜中。」西元前 165 年，匈奴大舉侵擾邊關，李廣和堂弟李蔡參軍殺敵。此後除了平定七國之亂外，李廣一生都在西漢與匈奴的戰場上，大小近百戰，殺敵無數。匈奴人敬畏地稱呼李廣為「飛將軍」。但是李廣對武藝過於自信，變得自負。兩軍對壘時，李廣要求自己箭無虛發，常常是策馬衝鋒，不進入敵陣數十步距離之內不發弓，箭一離弦必有一個敵人應聲倒地。李廣的行為不免帶有自我炫耀和逞強的意思。他的個人英雄主義常常招致敵人的圍追和同僚的非議。

　　如果僅僅是喜歡表現個人英雄主義，李廣還不會得罪朝廷的諸公。問題是李廣在政治上極不成熟，被朝廷許多高官看作眼中釘肉中刺。比如在貪腐成風、渾渾噩噩的官場中，李廣潔身自好、勵精圖治。他平時愛兵如子，打仗時身先士卒，深得官兵的愛戴，所得賞賜都分給部下，堅持與官兵一起吃飯。李廣一生擔任高官四十多年，死時家無餘財，都

花在軍隊上了。又比如李廣厭惡制度，信奉自由放任的管理思想。

在軍隊管理上，李廣很寬鬆，行軍時不列隊，駐紮時不設崗，平時不訓練，不重視部隊的補給，軍隊紀律也很差。而且對軍隊繁瑣的檔案和會議制度特別反感，在軍隊裡一律簡化文案。漢軍士兵都喜歡歸入李廣的麾下，都願意跟隨李廣。然而，李廣這套顯然不對朝堂諸公的胃口。

早在漢文帝十四年從軍抗匈，李廣就殺敵多人，因戰功升為郎中，進入了皇帝的禁衛軍。李廣多次跟隨漢文帝射獵，格殺猛獸，勇力非凡。漢文帝慨嘆：「李廣可惜了，生不逢時！如果生在高祖時，封個萬戶侯都不成問題！」漢高祖劉邦是在亂世中廝殺起家的，漢文帝覺得李廣若在亂世跟上了劉邦，肯定是開疆拓土的一代公侯名將。但是在漢文帝和漢景帝等相對和平的時代，李廣沒有參加大戰的機會，自然也就達不到西漢王朝封侯的標準 —— 西漢王朝法律嚴格，規定必須建立功業或者殺敵多少人以上才能封侯。漢文帝死後，西漢進入了多事之秋。先是漢景帝時期爆發了七國之亂，然後是漢武帝開始大規模對匈奴作戰，李廣終於獲得了殺敵建功的機會。可惜，一次次封侯的良機從他的指縫中溜走。

李廣第一次和侯爵寶座擦肩而過是在平定七國之亂時。李廣隨周亞夫與叛軍主力激戰，建立了赫赫戰功，並在昌邑城下勇奪叛軍帥旗立功顯名。這一次李廣達到了封侯的標準。戰後他的許多同僚和戰功比他低的人都封侯了，但李廣卻沒有任何封賞。因為李廣在斬獲帥旗後私自接受了梁王授予的將軍印。這個梁王是漢景帝的弟弟，堅守河南封地，阻擊叛軍，戰功也很顯赫。但是他是漢景帝皇位的最大競爭者，朝廷中有一些人想要立他為漢景帝的接班人。李廣私自接受皇帝競爭者的將軍

印,他想做什麼?要服從梁王的指揮了?李廣就錯在這個地方,最後落了個有功不能賞的下場。有些錯誤是永遠都不能犯的,即使只犯了一次你這輩子都完了。李廣的錯誤沒那麼嚴重,但在漢景帝時期他升官封侯算是徹底沒希望了。

漢武帝即位後,很賞識李廣,調李廣為未央宮衛尉。漢武帝籌劃的第一次反擊匈奴的大戰役是馬邑戰役。漢朝伏下重兵,準備圍殲南下的匈奴。李廣以驍騎將軍身分率軍埋伏,封爵晉升彷彿指日可待。結果,多疑的匈奴單于發現了破綻(漢朝人沒經驗,都去埋伏了,放著漫山遍野的牛羊不管,能不讓人生疑嗎?),中途退兵。伏擊計畫中途夭折。李廣只好無功而返,第二次錯失良機。

漢武帝又給了李廣第三次封侯立功的機會。西元前 129 年,漢武帝遣李廣、公孫敖、公孫賀和衛青四人率大軍,兵分四路迎擊匈奴。這一戰,排名最後、初出茅廬的衛青一戰成名,長途奔襲匈奴得手。而排名第一位、聲名最高、資歷最深的李廣卻全軍覆沒。戰前李廣迫切要建功立業,樹大招風,被匈奴當作頭號敵人來迎戰。匈奴單于「久仰」李廣威名,下令匈奴務必生擒李廣。於是匈奴集中數萬精兵圍殲了李廣的部隊,李廣受傷被俘,尋機奪馬殺回中原。歸國後,李廣別說封賞了,因為全軍覆沒按律當斬,付了贖金後被廢為庶人。

幾年後,匈奴攻破遼西,北方告急。漢武帝起用李廣鎮守右北平,匈奴人敬畏李廣,幾年不敢騷擾右北平。西元前 120 年,李廣率兵四千出右北平,和張騫分兵作戰。結果李廣受到了匈奴一如既往的「高度重視」,被四萬匈奴精銳包圍。漢軍士氣低落,李廣來去自如,加緊整飭軍隊,親自拉強弩參戰。這樣堅持了一天一夜,漢軍彈盡糧絕,敗局已定。好在張騫帶領一萬騎兵及時趕到,解救出了李廣。李廣又失去了一

次建功立業的機會，漢武帝考慮到他浴血奮戰殺敵眾多，功過相抵，不賞不罰。

至此，李廣傷痕遍體，年到花甲，看似不能再上馬殺敵了。照例，他的征戰生涯要結束了。「自從反擊匈奴以來，我參加了每一場戰役。各部軍官，才能在我之下的，因軍功受封侯爵的有數十人。我打仗時從不落在他人後面，為什麼沒有封侯呢？難道這就是我的命嗎？」堂弟李蔡和他同時做的郎官，後來脫離戰鬥走高層路線，聽皇上的話，辦皇上交辦的事，已經因功受封安樂侯，更在兩年前擔任了丞相。李廣能力遠高於堂弟，現在看李蔡成了一人之上萬人之下的丞相，自己蹉跎了大半生，年近六十，心裡的苦不用言表。

於是產生了一個專門的詞來形容李廣的窘境：李廣難封。

現在有漠北戰役這樣的大舞臺，李廣怎麼能放過呢？對於他這樣的老人來說，這是人生的最後一次機會了。所以他堅決要求出征。但漢武帝並不想派李廣出征。因為李廣年紀太大了，而且威名在外，留在朝廷裡當作「鎮國之寶」威懾匈奴更好，漢武帝不想讓他去冒險。李廣苦苦哀求允許自己跟隨衛青出征。漢武帝經不起李廣一再請求，勉強同意他出征。

暗地裡，漢武帝找來衛青，告誡他說，李廣年紀大了，急於求戰，我們滿足他的願望，但你不能讓他擔任先鋒，更不能委以重任，託付重兵。

大軍未出，李廣和衛青就在作戰部署上產生了矛盾。衛青安排公孫敖為先鋒，自己率領主力跟進，從正面與單于主力決戰；安排李廣與趙食其領兵出東路，作為輔助。東路迂迴難走，看起來也沒什麼立功的機會，李廣自然是不願意。衛青一開始就讓他封侯的希望變得異常渺茫。

李廣心生怨氣，聽完行動安排後，既不爭論也不說遵命，怒氣沖沖地拂袖而去。

李敢認為衛青這是挾私用人，嫉功妒賢，一開始就要把漠北之戰的首功留給自己和親信（公孫敖救過衛青的命），派李廣走東路是排擠他。而且衛青還給李廣規定了會合的日期，替日後的悲劇埋下了伏筆。

李廣賭氣率軍走了東路，部隊在荒漠戈壁中迷了路，沒有按期與衛青的主力會師。

會師後，李廣鬱鬱寡歡。漢匈最後一戰結束了，從此「漠南無王庭」，匈奴遠遁了。李廣人生的最後一次機會喪失了。而且漢朝軍法嚴峻，作戰違期是重罪。李廣一回到大營就躲入軍帳，不見人。在這個節骨眼兒上，大將軍衛青做了一件更讓人誤會的事情。他派長史帶著乾糧酒食慰問李廣，同時問問李廣迷路違期的情況。李廣年紀大了，資歷高，本來就心情鬱悶，現在看一個年紀輕輕、低好幾個輩分的文官來質問自己，脾氣上來了，對長史不理不睬。衛青對李廣的性情沒有摸透，長史回去後沒法處理違期的事，又讓長史去催李廣的部下來聽候審問。這一下軍營的動靜鬧大了，李廣的校尉們都苦著臉被叫了出去。李廣很護部下，說：「我部下的校尉無罪，是我迷路的，責任在我。我現在就去自首。」李廣召集部下，說：「我李廣與匈奴大小七十餘戰，這次跟從大將軍與單于交兵，而大將軍讓我率部走迂迴的遠路，我迷路了。這些難道不都是天意嗎？我已經六十多歲了，難道還要我去見那些刀筆小吏，囉囉唆唆地自我辯解嗎？」說時遲那時快，李廣「嗖」地拔出佩刀，自刎而死。一代名將，就此隕落。

衛青要不要對李廣的死負責呢？事實上，他是遵照漢武帝臨行前的告誡辦事。而且考慮到李廣數十年的戰鬥經驗，衛青對李廣的弱點是清楚

的。漠北之戰傾注了漢朝的全部國力和朝野的殷切希望，關係國家安危，也關係前線將士的生死，衛青為人小心謹慎，最後不用李廣而用公孫敖，並沒有徇私枉法、陷害李廣的意思。李廣辛苦一生，都沒能封侯，客觀地說不是漢武帝不想提攜李廣，而是李廣身經百戰，屢戰屢敗，實在是沒有達到封侯的標準。李敢將父親的死歸咎於衛青，不應該。

話雖如此，李敢刺殺衛青的案子怎麼處理呢？

衛青讓人將李敢送回家，然後召集家人侍衛，命令不許將李敢行刺之事洩露出去。

衛青溫良和善，不願與李敢為敵。更重要的是衛青自己的處境也很微妙，在權力場上如履薄冰。衛青家族出了皇后衛子夫和太子劉據，衛青自己和姐夫公孫賀、外甥霍去病封侯拜將、手握兵權，他還娶了漢武帝的姐姐平陽公主。衛家赫然是西漢帝國的權勢第一家。家族興旺了，掌權了，不一定是好事。因為最上頭的皇帝、漢武帝劉徹是個雄才大略的皇帝，疑心重。衛青一家的勢力遍布朝野、手握兵權，自然也受到了劉徹的猜忌。姐姐嫁入衛家後，衛青的權勢熏天，彷彿是「天下第二人」，劉徹開始不信任衛家了。劉徹先是讓衛青離開前線軍隊，招到長安來居住議政，將衛青高高掛起；同時分化衛青家人，重用霍去病，讓霍去病牽制衛青。霍去病雖然是衛青的外甥，畢竟不姓衛，而且頭腦簡單，霍去病「為人少言不洩，有氣敢往」，只知道行軍作戰打匈奴。劉徹曾經勸霍去病學點吳起、孫子的兵法，霍去病回答說行軍打仗不拘泥於古代兵法，學那些玩意兒沒用。劉徹發自內心地同時也有目的地寵愛霍去病，著意培養，委以軍事重用；漢朝和匈奴的戰爭在繼續，但衛青失去了對前線部隊的直接指揮權；相反，霍去病在祁連山戰役、招降渾邪王等事上立下了赫赫戰功。這年春天，朝廷謀劃漠北戰役的時候，劉徹

乾脆將衛青名義上的主帥也給撤掉了，命令衛青和霍去病分別率領五萬精騎，兵分東西兩路，遠征漠北。雙方分頭行動。

漠北戰役如今勝利結束，天下太平。漢武帝更加不需要聲望超群、領兵馳騁的衛青了。衛青的權勢建立在軍功上，現在軍功不可能再有了，只剩下皇帝的猜忌和防範。劉徹繼續捧霍去病去壓衛青。等衛青、霍去病凱旋歸來，劉徹很客氣地不讓他們繼續掌握軍隊。衛青是大將軍，霍去病是驃騎將軍，又是萬戶侯，沒辦法再提拔他們了。劉徹很有創意，新增了「大司馬」的官職，讓衛青、霍去病並列為大司馬。衛青是大司馬兼大將軍，霍去病是大司馬兼驃騎將軍，地位相等。

這是一個很明顯的訊號。那些牆頭草和勢利小人紛紛去拍霍去病馬屁，有事沒事往霍去病家裡跑。其中就有很多原來經常在衛青家裡出現的面孔。霍去病家裡熱鬧了起來，衛青家門口一下子就冷清了起來。好在衛青是一個厚道恬靜的人，將這一切已經看開了。他家裡人有時候也會感嘆世態炎涼，衛青不以為然，認為這也是人之常情，心甘情願地過著恬淡平靜的生活。

遭遇李敢的行刺，衛青的第一反應就是大事化小小事化了。這件事情傳揚出去，對李敢不利，對衛家也不好，還不如保持一團和氣。衛青畢竟是個好人。

然而，李敢行刺讓許多人看到了，事情很快傳到了霍去病的耳裡。霍去病一如既往的頭腦簡單，更理解不了舅舅的韜光養晦，他記恨李敢，欲先除之而後快。他把握李敢到甘泉宮參加皇家狩獵的機會，人來人往，尋機射殺了李敢。名將之後橫死，總需要有個交待。漢武帝正寵信霍去病，還需要霍去病制衡衛青的勢力，於是替他說話：「李敢是被鹿撞死的，可惜了。」這件事情就這麼掩蓋過去了。

衛青知道後，慘然一笑。

第二年（西元前 118 年），李敢的叔叔、丞相李蔡被扣上私自侵占漢景帝陵園前一塊空地的罪名，被迫自盡了。他擔任丞相年間，協助漢武帝治吏、改幣、統禁鹽鐵等事，中規中矩。事實上，漢武帝選擇李蔡，並非看中他的能力或者想法，恰恰是因為他平庸安分、循規蹈矩。還是那句老話，漢武帝是一個強權的皇帝，不能容忍強權丞相的存在。所以他執政時每三五年就換一個丞相，李蔡只是其中的一個匆匆過客而已。

李蔡是漢武帝的棋子、李廣是漢武帝的棋子、衛青是漢武帝的棋子、霍去病是漢武帝的棋子，但李敢不是漢武帝的棋子，他不夠做皇帝手中的棋子。李敢是個「攪局者」，所以不如除去的好。從漢高祖誅殺韓信到漢景帝誅殺晁錯頂罪，再到後來漢武帝腰斬公孫敖，西漢王朝一路下來血光不斷。歷史上這樣的例子還少嗎？

挑棋子、用棋子是帝王為政的學問，合格的臣子應該是循規蹈矩、安心做好皇帝棋子的人。

因字生禍：

洪武間「魏觀案」的轉折意義

洪武七年（西元 1374 年）九月，江南著名才子、一代文豪高啟受蘇州知府魏觀案牽連，被腰斬棄市，一同被斬的還有王彝。此案因為一篇文章而起，掀開了明清兩代充滿腥風血雨的文字獄的序幕。

高啟被殺時僅僅是蘇州治下的一介草民，卻引起了軒然大波，被後世賦予了各式各樣的意義。因為高啟不是一般的平民，也不是一般的才子佳人，而是被清代的趙翼讚譽為「一出筆即有博大昌明氣象，亦關有明一代文運，論者推為明初詩人第一」。高啟雖然是明朝初期的文壇代表人物，但出生於元朝末期的蘇州，主要文學成就是在元朝末期奠定的。張士誠占據東南時，高啟居住在吳淞江青丘，號「青丘子」，開始在文壇樹立了盛名。

明朝建立後，很多人都盯著他看。

高啟一開始對新王朝的建立抱以「歡呼大慶」的態度，熱情稱讚朱元璋驅逐蒙元建立明朝的行為。在名作〈登金陵雨花臺望大江〉登金陵雨花臺望大江結尾中他對明朝統一天下大唱讚歌：「我生幸逢聖人起南國，禍亂初平事休息。從今四海永為家，不用長江限南北。」高啟對朱元璋的稱讚接近了肉麻的程度。朱元璋也投懷送抱，王朝剛剛建立的洪

武二年（西元 1369 年）就招攬高啟參修《元史》。高啟從此進入了新王朝的權力高層，受詔入京修史時寫了《召修元史將赴京師別內》，興高采烈地說：「宴安聖所戒，胡為守蓬茨？我志願裨國，有遂幸在斯！」不僅自己進入新王朝，高啟還利用自己的影響力，讓有才能的朋友出仕。如「北郭十友」之一的余堯臣出任新鄭簿時，高啟作《答余新鄭》：「幸逢昌期勿自棄，願更努力修嘉名。」

高啟的態度得到了新王朝的肯定。他很快就被授予翰林院國史編修官，同時承擔了教授新王朝「諸王」知識的重任。洪武三年（西元 1370 年）秋，朱元璋在朝堂上當眾擢升高啟為戶部侍郎。高啟剛剛當官一年，就做到了侍郎的高位，令在朱元璋手下奮鬥幾十年的老人們瞠目結舌。這也展現了朱元璋對高啟的肯定和器重。

可就在朝堂上，高啟拒絕接受戶部侍郎的任命。他的理由有二：一來自己年少，才三十五歲；二來自己一介文人，沒有實際政務經驗，恐怕難當戶部的大任。高啟的理由都還說得過去，朱元璋心裡雖然不快也不好說什麼。但高啟接著說了一番話，卻激怒了朱元璋。高啟說自己心力疲憊，請求解除各職，「放歸山林」。

你年紀輕輕，才工作一年，就以做不了為理由要回家養老？這讓人懷疑你是對工作失去了熱情、不願意和同事們相處。的確，高啟是對朱元璋交待的工作厭倦了，而且還對新王朝的政治失去了熱情和信心。

和所有的文人一樣，高啟內心積極入世，非常希望有一番作為。他的文采越飛揚、名聲越遠播，對自己的政治前途和成就的期望就越高。高啟在詩《贈薛相士》中承認：「我少喜功名，輕事勇且狂。顧影每自奇，磊落七尺長。」高啟隱居青丘，並不是要做隱士，而是和諸葛亮一樣，在等待合適的時機出山而已，是靜觀局勢待價而沽。隱居時，高啟

也經常「登高望遠，撫時懷古，其言多激烈慷慨」。明朝建立後，新朝新氣象，吸引了高啟。高啟一開始和新王朝的合作，展現了當時知識分子的普遍態度，並非一個特例。

在南京的一年多讓高啟感受到了巨大的壓力和不適應。

朱元璋等人是平民造反出身，依靠暴力得的天下，在政治上加強中央集權和皇帝的權力，在政策上採取粗暴繁重的方法。比如明朝初年對蘇州等東南各地採取打擊豪強、加重賦稅的政策，對一些不合作的富豪和文人大加撻伐。洪武七年（西元 1374 年）有人說：「才能之士，數年來倖存者百之一二。」高啟雖然躋身於新朝新貴行列，但出身於舊的菁英階層，不可能對新朝打擊故交名士的行為無動於衷。對於朱元璋的高壓政策，高啟不贊同，但他權小勢微，無力反對。這個時候，文人的敏感和脆弱都表現出來了。高啟掙扎在不同的立場之間，難以自拔。而且高啟還有一些讀書人的虛榮，愛表現，「啟嘗賦詩有所諷刺，帝嗛之未發也」。高啟也將聽到的或者看到的寫成了文字，曾寫詩「女奴扶醉踏蒼苔，明月西園侍宴回。小犬隔牆空吠影，夜深宮禁有誰來？」「夜深宮禁」的事情，高啟怎麼知道的？此事牽涉到宮廷內爭風吃醋的醜聞，朱元璋看到高啟的詩後，不可能不在意。朱元璋對高啟等文人的設想是：支持新朝，有才能的人可以為己所用，但要聽從指揮，不能搞亂。心理的煎熬讓高啟始終融入不了新朝——文人的矜持讓他拒絕同流合汙，於是他決定做一個單純的文人。

高啟當眾請辭又一次暴露了他的不成熟之處，他可能是期望正大光明、來去自由，什麼事都做得透明、光明磊落，可朱元璋會這麼想嗎？客觀的說，其實明朝待高啟不薄，朱元璋對他可謂是恩重如山。高啟卻不領情，還當眾請辭，要重新浪跡山林，不僅是朱元璋就是朝堂上的昔

日同事也都認為高啟擺明拒絕和新王朝合作。

朱元璋自尊心很強（小時候做過和尚，要過飯），心狠手辣（把腦袋別在褲腰帶上奪的天下），頓時對高啟厭惡起來。依照他心裡的想法，馬上將高啟拉出去砍了都不為過。但朱元璋轉念一想，高啟是文壇領袖，對他的安置具有象徵意義。天下初定，明朝還需要高啟好好活著，所以朱元璋忍住了想殺高啟的念頭，接受了高啟的辭呈，還送給高啟一百兩銀子作為回鄉的盤纏。

高啟回到蘇州的第三年（洪武五年），蘇州來了一位新知府：魏觀。

魏觀是湖北蒲圻人，也是讀書人出身，元朝末年也和高啟一樣隱居了起來，但比高啟年老整整三十歲。當朱元璋和陳友諒打仗的時候，魏觀就結束隱居，加入了朱元璋的陣營，是明朝的開國功臣之一。魏觀歷任國子監助教、浙江按察司僉事、兩淮都轉運使、侍讀學士、禮部主事等，中間罷過官後來復出，六十六歲時請求退休。

朱元璋對這位老臣很滿意，退休前給魏觀提了一級，「賜參政俸」，讓他回家安享晚年。明朝初期，蘇州地位重要，政務繁雜，但是知府陳寧為政苛刻，橫徵暴斂，用燒鐵烙百姓的肌膚，失去了全府的支持。官吏和老百姓們暗地罵他「陳烙鐵」。陳寧不能再用了，朱元璋要再派一個得力親信前去，於是想到了魏觀。魏觀結束退休出任蘇州知府，到任後廢除陳寧的苛政，寬厚為政。第二年，魏觀擢升為四川省參知政事，結果蘇州百姓上書朱元璋不讓魏觀走。朱元璋也沒有更好的人選接掌蘇州，同意魏觀留任。這時，朱元璋對魏觀是信任的，是滿意的。

魏觀在蘇州政績斐然，和他的才能有關，更重要的是他得到了當地民眾的支持。他招攬人才、教化百姓、移風易俗的許多政策得到了當地文人的支持。其中就包括高啟、王彝、王行等人。高啟做官的時候就認

識魏觀，還當過魏觀的下屬。兩人惺惺相惜，結為忘年之交。魏觀到蘇州後，高啟特意搬到城中夏侯裡居住，方便兩人交流。

話說蘇州是個繁華重鎮，但是府衙卻是原來的水司衙門。原來的蘇州府衙在元末被割據東南的張士誠占為皇宮了。朱元璋攻滅張士誠的姑蘇戰役讓府衙在熊熊烈火中化為了荒墟。明朝建立後，蘇州府衙多年來都局促在水司衙門的舊房中。洪武七年（西元 1374 年），魏觀決定在張士誠舊宮殿的基礎上重修府衙，同時治理城中的湫溢（春秋吳國時修的水利工程），計劃疏濬河道減輕水患。照理說這兩件事情都是好事，魏觀在工程立項、決策拍板和召集工人等各個環節都沒有違反相關規定，應該不會出任何問題。

然而蘇州指揮使蔡本和魏觀有嫌隙，上書攻擊魏觀：「觀復宮開涇，心有異圖也。」「復宮開涇」一旦和「異圖」連繫起來，問題就大了，於是朱元璋不得不派了一個叫做張度的御史專門調查此事。

朱元璋有沒有把「復宮開涇」和魏觀連繫起來呢？朱元璋沒有那麼傻。有許多破綻表明這極有可能是一個誣告。首先，魏觀已經六十九歲了。一個手無縛雞之力的六十九歲老書生造反什麼？而且魏觀跟從朱元璋多年了，早不造反晚不造反，為什麼要在這個時候造反？其次，蘇州作為重鎮，明朝在此設立了蘇州衛指揮使司，留有軍隊鎮守。蔡本就是蘇州指揮使。魏觀身為知府，指揮不了蘇州衛的軍隊，拿什麼造反？第三，「復宮開涇」，前者屬於改善政府辦公條件，後者算得上是興修水利，怎麼就變成造反了？如果說有什麼不妥，那就是涉及張士誠的舊宮殿，有點敏感；修建工程調動民工，有擾民的可能。可兩個小問題也不能扯上造反啊？

負責調查此案的御史張度被後世的許多人認定是一個小人。有人說

他和高啟有仇，而且向魏觀索賄未果，就做出了不利於魏觀的調查結果。然而沒有證據表明張度和高啟有仇，也沒有證據表明他曾經索賄。反而從張度之後一直從事糾察執法工作，政績斐然來看，張度是一個相當專業和正直的司法官。

張度身為欽差大臣，沒有大搖大擺去蘇州。大搖大擺地調查往往是雷聲大雨點小，是「大事化小，小事化了」的前奏。張度採取的是微服私訪的方法。脫下官袍進入了修建官衙的隊伍，當起了工人。非常巧，他趕上了蘇州官衙的「上梁儀式」。在南方，上梁是建屋非常重要的儀式，可以打好基礎，所以大家都很重視。魏觀還邀請老朋友、大文豪高啟給蘇州新府衙寫一篇〈上梁文〉。高啟受邀，熱情地寫了一篇洋洋灑灑的大作。儀式開始，張度很仔細地把每個細節都記在心裡，為了集中精神他連官府分發的每人一碗酒都推辭掉。他默記下高啟的〈上梁文〉，然後考察一番後，回京向朱元璋遞交了調查報告。

張度的調查報告是不利於魏觀的，但並沒有採用蔡本的「異圖說」。他彈劾了魏觀兩大罪狀：「非時病民」和「危言」。所謂「非時病民」是認為魏觀修建兩大工程耽誤了農民的農時，而且在修建過程中工程過急，有催趕逼工的情況；所謂的「危言」則是說高啟寫的〈上梁文〉不太妥當，認為「典滅王之基，開敗國之河」。

張度彈劾的這兩條罪狀都擊中了朱元璋敏感的神經。朱元璋農民出身，對耽誤了農時的行為極其反感。魏觀的兩個工程既然誤了農時，朱元璋就不滿意了，把它想像成大興土木、民怨四起的事情了。而第二條罪狀中的「高啟」、「典滅王之基，開敗國之河」等字詞更是讓朱元璋渾身不舒服。他下令要親自檢視高啟的〈上梁文〉。看完以後，魏觀和高啟等人的命運就被決定了。

〈上梁文〉到底寫了些什麼呢？遺憾的是，這篇文章現在已經失傳了。根據散落在其他文獻中的內容，這篇文章提到了蘇州府衙「龍盤虎踞」。「龍盤虎踞」四個字形容某地地勢雄偉，通常是用來形容南京城的。高啟用這個詞來形容蘇州府衙，的確有不妥的地方。但是朱元璋的想法不只於此：第一，蘇州府衙原來是誰的宮殿？與自己爭奪天下的夙敵張士誠的宮殿。你形容該地「龍盤虎踞」，那張士誠是龍呢還是虎呢？如果張士誠是龍虎，那我朱元璋又是什麼？第二，蘇州府衙現在是誰的府衙？是魏觀的府衙。魏觀在那裡龍盤虎踞要幹什麼？聯想到高啟之前的舉動，原來他是要推翻新王朝，怪不得拒絕和新王朝合作呢。由此，說高啟和魏觀兩人大不敬還算是輕的，說你們圖謀造反也不為過了。

高啟在上梁儀式上還吟誦了一首〈郡治上梁〉詩。其中說：「郡治新還舊觀雄，文梁高舉跨晴空。南山久養干雲器，東海初升貫日紅。欲與龍廷宣化遠，還開燕寢賦詩工。大材今作黃堂用，民庶多歸廣庇中。」這首詩用詞很好，很有氣勢，借上梁稱讚魏觀是國家的棟梁之材。但是「龍廷」、「黃堂」等詞用在一座府衙上，就犯了和「龍盤虎踞」一樣的「錯誤」了。而且高啟還要魏觀「廣庇民眾」，這不是要和朱元璋爭奪民心嗎？

張度上表彈劾的時候，也沒想到會掀起血案。誤農時的罪過，最多不過罷官而已。「危言」也不過是訓誡或者徒刑而已。無奈，朱元璋發現了眾多的「造反證據」，「魏觀案」被當作「謀逆」事件，魏觀、高啟、王彝以「浚河擾民」與「修府治興既滅之基」之罪腰斬於市。高啟當時只有三十九歲。

像「魏觀案」這樣因文起禍，以文字聯想的內容作為證據定罪的案子，稱之為「文字獄」。

　　「魏觀案」定案過於主觀，主觀到連朱元璋都不太確信是否真實。魏觀被殺沒多久，朱元璋仔細想想，也覺得是冤案。於是明朝政府允許魏觀以禮歸葬，朝廷允許文人們替他編輯文集，還派諸王和相關官員祭祀，算是給予平反。

　　至於高啟，朱元璋一口咬定他的謀逆，拒絕平反。為什麼同案不同罰呢？

　　因為沒有「魏觀案」，高啟也必須死。他屬於朱元璋堅持要殺的那類人。高啟代表著一類人：不與新王朝合作的江南文人。朱元璋曾派人拿著金銀財寶去招攬文人——他不知道文人不能都用錢財征服。大詩人楊維楨見到使者後乾脆說：「豈有老婦將就木而再理嫁者邪？」被逼急了就說：「皇帝竭吾之能，不強吾所不能則可，否則有蹈海死耳。」這群文人不僅拒絕合作，而且念念不忘在元朝和張士誠時期相對寬鬆的統治。比如文人陳基就懷念張士誠政權，寫詩說：「一望虞山一悵然，楚公曾此將樓船；問關百戰捐軀地，慷慨孤忠罵寇年。」他繼續稱張士誠的弟弟張士德為「楚公」，而用「寇」暗指朱元璋。同樣死於「魏觀案」的王彝也和高啟一樣，短暫入仕後藉口母親年老需要贍養，辭職回鄉。朱元璋本來就和讀書人不是同一類人，加上「非友即敵」的思想作祟，朱元璋大開殺戒了。魏觀、高啟和王彝於是成了洪武初年眾多文字獄的第一批受害者。隨著統治的穩固，朱元璋乾脆以暴力威脅天下文人支持新王朝，出任官職。朱元璋在刑書《大誥》中明文規定「寰中士夫不為君用」，則「誅其身而沒其家」。貴溪夏伯啟叔姪倆自己砸斷自己的手指，蘇州姚潤、王謨接到任命不出仕，都被斬首並抄家。做官還不夠，朱元璋還要改造文化，像打擊政治對手一樣，將一切可能威脅皇權的潛在力量都扼殺於搖籃中。詩人陳養浩寫了句「城南有嫠婦，夜夜哭征夫」，朱元璋認

為他寫夜夜哭征夫，是無視大明朝的繁榮盛世，譏諷朝廷的軍事制度。大明朝怎麼可能有怨婦呢，於是亂說話的陳養浩就被投進水裡淹死了。

在朱元璋之前，歷代也有文字獄，比如蘇東坡的「烏臺詩案」，從朱元璋開始，文人的日子過得戰戰兢兢，從明朝建立到清朝中期都籠罩在「文字獄」的陰影下，一不小心就有生命危險。比如清朝的翰林學士胡中藻寫了句「一把心腸論濁清」，就被乾隆認為在國號「清」字前加「濁」字，大不敬。胡中藻被殺，罪及師友。徐述夔寫了一句「明朝期振翮，一舉去清都」，被乾隆帝定為大逆，認為是鼓勵人們反清復明。其實這裡的「明朝」是「明天」的意思。更著名的「清風不識字，何必亂翻書」一案，則是雍正的案子，那個被扣上「誹謗朝廷」的罪名、斬首示眾的倒楣鬼叫做徐駿。

古代的文人是一個非常艱難的群體，整個社會給知識分子留下的發展空間非常有限：有些職位社會不讓你從事（比如你不能賣豬肉，否則被曝光後會引起軒然大波），有些職業你自己不願意從事（比如算命占卦的，比如戲子和木匠），還有一些需要某種特質或技藝的職業也做不了（比如和尚道士）。古代的文人能做的職業，都是和政治有關的職業，或者需要依賴政治得到發展的職業。一個讀書人學而優則仕，功成身退是最理想的道路。但是多少人能有這樣的幸運。對於一個真正的讀書人來說，知識淵博，獨立思考，有了獨立的思想和不凡的抱負，就要面臨著在個人發展和皇權之間掙扎的命運。君主專制的制度以君為聖，文人能在自保的前提下，盡可能實踐讀書時的抱負胸懷就算是不錯的了。如此，成功的文人首先是政治家，其次才可能做個成功的文人。如果遇到朱元璋、乾隆等大興文字獄的時代，文人就只能「不以字跡與人交往，即偶有無用稿紙，亦必焚毀」。文人可以不用寫字來表達思想，但總不能

不說話吧？可是當獨立思想本身成為了皇權的監察對象時，說話也不保險了。文人唯有少寫少說，將精力用在不需要太多思考的事情上，比如從事歷史考據，比如到處旅遊，或者按照要求讀四書五經寫八股文。因此明清兩代社會故步自封，沿著固定的軌道僵化發展，變得異常脆弱，和文人萬馬齊喑不無關係。

這種情形一直到近代才得到改變。隨著清朝的式微，中國再次出現了百家爭鳴的盛況。

貧困的仕途：

從魯迅爺爺科場行賄看官員待遇

　　光緒十九年（西元 1893 年）是江南鄉試之年。京官殷某出任江南鄉試正考官，南下蘇州。紹興城丁憂在家的內閣中書周介孚派家人前來拜託殷某「關照」應試的周家子弟，包括長子和幾個姪子。

　　科舉舞弊是重罪，但到光緒年間早已流弊日廣。冒籍、夾帶、刺探試題、僱用槍手甚至行賄考官等等，無所不有。周介孚在北京做官多年，和同樣是京官的殷某相識，就寫了一封信附上銀票讓家人送給老朋友。這本是司空見慣，可周家的下人實在不會辦事，把一件簡單的事情辦成了一樁大案。

　　殷主考停駐在官船上，正好有蘇州地方官上船拜訪。周家下人找到官船後，就直接把信和銀票交給隨從，呈給殷主考。隨從見是內閣中書周介孚的來信，又有銀票，不敢怠慢，就拿進去遞給了主子。殷主考拿到信和銀票，看看在座的蘇州地方官，極為尷尬。蘇州地方官自然知道是怎麼回事，趕緊端起茶杯喝茶，當作沒看到。這時的殷主考有兩個選擇，第一是退回銀票，大義凜然地將周介孚和下人報官（地方官就坐在對面）；第二是找臺階下，收下銀子幫忙辦事。他看看銀票，裝進口袋後若無其事地繼續和客人閒談。

這件行賄案原本就此便可以結束了。

周家的下人見銀票送進去後，船裡的老爺都不給張收條或者回個話什麼的，著急了。等了好久後，他竟然在岸邊大喊：「老爺拿了銀子，怎麼也該給個話或者收條，小人好回紹興交差！」他還以為科場行賄像在早市買菜一樣，一手交錢一手交貨，還要發票呢！船上的人見這個人的話越講越難聽，出面阻止他大喊大叫，然而周家下人叫得越厲害，罵殷主考拿了銀子不辦事，引得岸邊百姓圍觀。這下，殷主考惱羞成怒，蘇州地方官的臉都掛不住了，嚴肅地走出來，下令將周家下人緝拿。殷主考還拿出周介孚的來信和銀票，交給蘇州府衙查辦。

周介孚行賄鄉試主考，人證物證俱在，而且是被抓了現行。科舉舞弊司空見慣，光緒皇帝卻不知道。他還以為科舉是神聖而純潔的，一見竟然有官員公然行賄，龍顏大怒，將周介孚從嚴處理。周介孚被判了個「斬監候」，相關考生革除功名。

這個周介孚是科場高手，曾高中一甲進士，欽點翰林院庶吉士，做了三年京官。其後當了三年江西金溪知縣，因脾氣太差大罵江西巡撫而被彈劾免職。此後受好友李慈銘指點，賣田捐官，補了內閣中書一職，長期在京為官。光緒皇帝欽定他斬監候，周家找到周介孚的科舉舊交、京官同僚，又賣了家族的良田和店鋪，疏通上下環節。他的案子由浙江省負責，時任浙江按察使是趙舒翹。所謂的「斬監候」要等到「秋後處決」。趙舒翹覺得周介孚的運氣太差了，對他很同情，加上各式各樣的招呼，就把周介孚的死刑給壓了下來，秋後並未處決。周介孚保住了一命，殺也不是放也不行，在杭州的監獄裡待了八年。八國聯軍時，京城監獄中犯人紛紛逃離監獄，事後又自動回來歸案。刑部因此奏請赦免所有犯人，得到慈禧的批准。刑部尚書薛允升援引此例，將遠在杭州的周

介孚也列入赦免名單，得到慈禧同意釋放。

周介孚回家閒居了三年後，死了。他是一個封建士大夫，但科場行賄丟臉，江南讀書人都不願意提起。一旦提起，就可能被人舉一反三，牽涉出更多的類似案件來。所以這件案子很快被淡忘了。半個多世紀後，此案才因為周介孚的孫子出名了。他就是魯迅。爺爺入獄讓周家家道中落，很多魯迅研究者認為，如果沒有此案，魯迅繼續生活在安逸奢華的家族中就不會成功，現代文學也就少了一個領軍人物。而周介孚拜託殷主考關照的長子在案發後，被朝廷革去秀才功名，第二年就一命嗚呼了，這個長子就是魯迅的父親周伯宜。

為什麼科場行賄司空見慣，讓讀書人和官員都對因此被抓的人表示同情？

任何行賄都有腐敗官員的責任。如果官員不需要錢，行賄案就不會發生。殷主考如果不是因為周家的下人不通人情、亂喊亂叫，也不會報官。他是看中周介孚送來的錢了，他需要這筆錢。主考官都是京官充任的，一般都是翰林院等衙門中的官員外放地方鄉試主考。科舉被京官看作是撈錢致富的重要門路。這也是為什麼舞弊案層出不窮，大家見怪不怪的原因。

京官們實在太窮了，太需要利用外快賺錢養家餬口了。

咸豐二年（西元 1852 年），中興名臣曾國藩出任江西鄉試正考官，赴任途中接到了母親病逝的訃聞，竟然沒錢回家奔喪。曾國藩當時四十二歲，歷任朝廷各部侍郎，依然窮得要命。出京前，北京家裡已經一個銅板都沒有了，全靠友人資助。江西官員和各地朋友湊了一千兩才解了他的燃眉之急。久旱逢甘霖，曾國藩趕緊拿出三百兩託人捎回京城還債，又拿出二百多兩送到省城還債，拿著剩下不到四百兩銀子回家操辦喪事。

　　朝廷的在京官員高高在上，怎麼會過這樣的苦日子呢？難以置信。試舉一個中級官員、七品的翰林院編修的收支情況。翰林院編修可是無數讀書人夢想的職位，一年的俸祿是四十五兩俸祿再加祿米，這樣的收入根本就不能支稱一個七品官的生活。明清兩代俸祿奇低，有京官寫曲抱怨說：「淡飯兒才一飽，破被兒將一覺，奈有個枕邊人卻把家常道。道只道，非嘮叨，你清俸無多用度饒，房主的租銀促早，家人的工錢怪少，這一只空鍋兒等米淘，那一座冷爐兒待炭燒，且莫管小兒索食傍門號，眼看這啞巴牲口無麩草，況明朝幾家分子，典當沒分毫。」一句「一只空鍋等米淘」說出了多少京官的心酸，他們每月月底擔心房租，店鋪裡賒了許多帳卻又不得不經常應酬，為此不知多少官員低頭遮臉跑當鋪。明清時期，許多京官外放外地的知府、藩臬甚至巡撫，第一件事情就是籌錢去當鋪贖回家當。

　　京官的支出有多少呢？第一筆支出是生活消費，包括正常的食衣住行。本地的官員還好，如果是外地來京為官的，需要租個像樣的房子住，需要養一兩個傭人。那每個月起碼要二三兩銀子，一半的月薪就沒了。這還不算吃飯、衣服、坐轎的錢。

　　第二筆支出是家庭支出，父母需要供養、弟弟需要資助、老婆要買胭脂、兒子要上私塾，處處都得花錢。一個家族有一個當官的人不容易啊，親戚們都指望著他接濟呢。如果再納幾房小妾，每個月剩餘的收入不管怎麼樣都是不夠的。

　　第三筆支出是應酬支出。官場需要的就是人脈，不去衙門坐班沒關係，不去應酬卻是萬萬不能的。你不赴約，就被排除在圈子之外了。隨著人脈越來越廣，應酬也越來越多。這些應酬都是自掏腰包的。即使快成乞丐了，朋友、同僚有難或者邀請，再困難也不能落他人之後。

有人說，哪個當官的靠俸祿生活？他們有灰色收入，這是和你掌握的實權綁在一起的。

中級官員的實權有限，而翰林院編修更沒有一丁點實權，實際收入還比不上一些經手瑣事、管手續後勤的胥吏呢。一方面是僧多粥少、競爭激烈，另一方面是待遇低微、生活艱難。要平步青雲，要熬出頭，都是要付出代價的。如果說有外快，也就是業餘兼職打工賺辛苦錢。

徐世昌就做過晚清的翰林院編修。徐世昌家境普通，科舉費用還是妻子家資助的，好在他教過私塾，以翰林編修之尊「重操舊業」，替達官貴人當老師，補貼家用。老母和妻兒則長期留在河南老家，沒錢接到京裡來團聚。多數京官的情況和徐世昌相似，一些年紀大的連到有錢人家當教師的工作機會都得不到。

京官普遍有的一項收入是「打秋風」。「法定」的打秋風收入在夏天有「冰敬」，冬天有「炭敬」，過年過節的時候還會有零散收入，都是下屬衙門和地方官府「孝敬」的。如果運氣好，交際面夠廣，地方官員來京都會拉你去赴宴。大快朵頤之餘，京官們少不了拿點特產和紅包。另外，商業發達的地區在京城裡建有會館，比如湖廣會館、紹興會館等等。會館由商人修建並運轉，卻和商業關係不大。會館主要目的是為本地舉子和單身官員提供免費食宿，也任由囊中羞澀的京官來蹭吃蹭喝。窮京官可以解決部分應酬壓力，討得回鄉的盤纏，想發財是不可能的。

剩下的就是等主持鄉試的時候貪贓舞弊，狠賺一筆，改善財政窘境了。

許多京官四五十歲了，比如曾國藩、徐世昌，還過著既要體面（當官的不可少）又缺錢少糧（客觀情況使然）的窘迫生活，做著升官掌權、封疆治國的美夢。絕大多數人做了一輩子夢也沒能美夢成真。

日後因為簽訂《南京條約》而名聲在外的伊里布，當年在雲南當中等品級的地方官，去求見撫臺大人。沒名沒錢，他只好在撫臺衙門外面的廂房裡候著，等了好幾天也沒人搭理他。伊里布倒沒閒著，把廂房屋頂上木頭的長短和數量都記得清清楚楚。若干年後，伊里布風風光光回到昆明，主政雲南，上任初又見衙門口的廂房，不禁感慨萬分。

周介孚最有名的朋友是學問家李慈銘。賄賂案發生後，李慈銘曾為周介孚疏通。李慈銘也是進士出身的京官，也是紹興人，也喜歡罵人。他常常和周介孚一起在京城裡罵人，罵官場陋習，罵俸祿太少。除了罵人，李慈銘就寫書信、日記，喋喋不休地訴說生活的困窘。

李慈銘的財政情況比周介孚要好很多，他有戶部江南司郎中的實職，享受著戶部的灰色收入。即便如此，他每年支付給各個酒店的飯錢也達到一百六十兩。清朝末期，一頓上等酒席的價格不過二三兩銀子。照此算來，李慈銘平均五天要自掏腰包應酬一次。光緒十一年（西元 1885 年），李慈銘應酬的資金達到巔峰：六百八十一兩八錢。而在光緒初年，李慈銘的親弟弟在老家去世。李慈銘大為悲痛，他認為弟弟是「餓死」的。自己這個哥哥當官後累計才寄給弟弟不到十兩銀子，不是他不想接濟弟弟，而是實在拮据，拿不出更多錢了。

李慈銘免不了又一次罵，罵官場，罵自己。

第二篇
艱難的生活

　　人生在世，如浮萍在池。本篇講述那些社會底層的弱者的掙扎，講他們在生存、愛情和權力等方面的非正常舉止，以及背後的辛酸。不管身分地位如何變化，永遠站在弱者的角度思考生活的艱難，應該成為每一個有良知的人的選擇。

以暴制暴：
弱者非法維權的邏輯

　　明代秦淮河畔的南京城裡有個秀才，叫陳珩，家境富庶，在秦淮湖口有兩處房產：一處莊園，一處房子自住。陳秀才「專好結客，又喜風月，逐日呼朋引類，或往青樓嫖妓，或落遊船飲酒」。這樣風花雪月了七八年，陳珩將家產敗得差不多了。妻子馬氏苦苦相勸，陳珩就是惡行不改。手頭缺銀子了，那般狐朋狗友慫恿他向放高利貸的衛朝奉借了三百兩銀子，約定三分起息。

　　陳珩想都沒想，就借了高利貸。殊不知，那衛朝奉是一個極愛財的。所有的借款都是他的獵物，衛朝奉借陳珩錢看中的就不只是利息，而是看上了陳珩在秦淮湖口的莊園，思索著透過貸款把它霸占了。所以到了應該付利息的日子，衛朝奉也不向陳珩催債。這樣過了三年，這筆高利貸本息合計六百兩。衛朝奉這才派人到陳家討債。陳珩此時已是油盡燈枯，還不起，就躲著不見。衛朝奉是誰？職業催債的。於是他天天派人催逼，就在陳家門口坐守，陳秀才只能躲在家裡，忍氣吞聲。

　　衛朝奉對付陳珩的手段多了，鬧得滿城風雨，陳珩真是秀才遇到兵了，沒辦法，只好同意將湖邊的莊園折價賣給衛朝奉抵高利貸的本息。陳家莊園市值一千兩白銀，陳珩覺得莊園除了抵高利貸外衛朝奉還要補

足一千兩白銀之數。衛朝奉耍起了無賴：「我看過他的莊園，一千兩銀子？最多也就六百兩。我自認倒楣，同意陳珩用莊園抵高利貸；如果他不同意，趕緊把銀子還我。」知道陳珩沒錢之後，衛朝奉日益催逼。

陳珩敢怒而不敢言，毫無辦法，只好把湖邊的莊園拱手讓給衛朝奉。

萬貫家財被敗得只剩下秦淮河畔的一處棲身之所了，陳珩終於痛定思痛，改頭換面，靜下心來在家中苦讀。妻子馬氏見丈夫勤儉進取了，很高興，拿出累積的私房錢，讓丈夫去贖回莊園。於是，陳珩高興地拿著六百兩銀子要贖回莊園。衛朝奉得了便宜，怎麼肯輕易吐出來？他說：「當初我拿到的是破房子，荒蕪一片。我又添造房屋，修理得錦錦簇簇，栽上了花木，把莊園弄得整整齊齊。現在想用六百銀子贖回去？若要贖，要一千兩銀子才行。」陳珩氣啊！跑到莊園一看，還是原來的舊屋，只是補了幾塊地板，一兩處漏，修了三四根欄桿。陳珩拒絕了衛朝奉的漫天要價，託中間人把六百兩白銀送給衛朝奉，催他騰出園子來。結果衛朝奉拿了錢不退房，堅持要補夠一千兩銀子才行。陳家催了幾次都不行，衛朝奉是推託耍賴的高手，占著園子不動。

陳珩怎麼辦？衛朝奉靠放高利貸和耍賴發的家，連官府的命令也陽奉陰違。陳珩如果去告官，是占了理，能打贏官司。但打官司曠日費時，即便贏了，衛朝奉也不會痛快地將房子還來。求助官府看來是不行了。陳珩憤恨之極，「當初嘔了他的氣，未曾洩得，他今日又來欺負人，此恨如何消得」！衛朝奉恃強凌弱，陳珩覺得打敗他最有效的方法就是比他更強更無賴。魔高一尺道高一丈，陳秀才在心中發狠，我就是要比你更狠，想個辦法好好治治你，看你還敢不敢欺負我。陳珩一個孱弱的讀書人，開始搜尋枯腸看有沒有什麼暗箭黑招能制伏衛朝奉。他這是被逼的。

這天夜裡，陳珩在秦淮河邊思考怎麼對付衛朝奉。突然發現秦淮河上面漂著一個東西。他走近細看，竟然是一具死屍。陳珩突然靈光一動，心想：「有計了！有計了！」他竟然把死屍打撈上來⋯⋯

隨後，衛朝奉家裡進來一個叫做陳祿的僕人。過了月餘，陳祿不見了，他的住處人去屋空。衛朝奉正思索著這個人是失蹤了還是不辭而別了，卻見陳珩家的三五個僕人跑來說：「我家一月前，逃走了一個人，叫做陳祿，聽說來投靠你家。快叫他出來隨我們去，不要藏匿他了。我家主人正準備去告這個惡僕呢！」衛朝奉說：「一個月前這個人來投靠我，但不知道是你家的人。不知何故，他忽然逃走了，不在我家了。」陳家的僕人吵吵鬧鬧，不相信，要求搜查一下。結果，在陳祿所住的房間裡翻出一條人腿來。衛朝奉驚得目瞪口呆。陳家僕人齊聲道：「衛朝奉將我家這人殺害了，埋腿在這裡。我們趕緊告訴主人去，商量報官。」陳珩得報，跑來一看，大嚷道：「人命關天，衛朝奉，你怎麼把我家人殺害了？不去官府告你，更待何時！」說完，他招呼眾人帶上人腿便走。衛朝奉嚇得渾身發抖。僕人失蹤，又在住處發現人腿，他衛朝奉就是有三張嘴也說不清楚啊。萬一判一個殺人罪來，那可是要殺頭的。

衛朝奉趕緊攔住陳珩說：「我實在不曾謀害人命！」

「沒有殺人？這個人腿哪裡來的？你到官府辯去！」

衛朝奉做人向來心虛，現在又是人命官司，怎麼可能敢找官府，只得求饒：「且慢慢商量，如今憑陳相公怎麼處分，饒我別去報官吧！我怎麼吃得消這個沒頭官司？」

陳珩就說：「當初圖我產業，不肯折價給我銀子的是你！今日占我房子，向我索要贖金的也是你！現在你先誘拐我家人，又殺了他，我正好公報私仇，怎麼會便宜了你！」

衛朝奉越來越急，只能連忙說：「我的爺，都是我不是。我情願把這園子還給相公。」

陳珩繼續發狠說：「你先老老實實把如何盤剝利錢，奪我莊園，又藉口修理莊居訛我錢財的惡行，寫一紙伏辨與我。你再把訛我的三百兩利錢還給我。如果我滿意了，我就叫人住口，把這腿燒化了，此事便泯然無跡。不然，今日天清日白，在你家裡搜出人腿來，人目昭彰，一傳出去，肯定不輕放過你。」

衛朝奉被陳珩和陳家的僕人惡狠狠地圍著，徹底崩潰了，只求沒事，乖乖寫了伏辨，遞給陳秀才。陳珩又逼他吐出三百兩銀子利錢，催他趕緊捲起鋪蓋滾蛋。衛朝奉無奈，只好連夜搬走。

陳珩只花了三百兩銀子就成功地拿回了莊園，把妻子剩下的私房銀子用來投資。他痛定思痛，勤儉經營，最後重新成為了南京城的富室。而那個僕人陳祿是跟從陳珩幾十年的忠實僕人，受主人陳珩的設計進入衛家。衛家的死人腿是陳珩從撈起的死屍上截下來的，藏在陳祿的行李中帶進去。陳祿把死人腿埋在房間裡，就跑到外地避風頭去了，好幾年後才回到陳家。衛朝奉有時撞到了陳祿，心知中計，但是房契還了，罪狀供認了，沒有什麼可以反駁陳珩的地方，而且那條人腿到底怎麼來的，衛朝奉始終搞不清楚。他心懷鬼胎，反而輪到他忍氣吞聲了。

陳珩奪回房產的故事出自明朝凌濛初的《初刻拍案驚奇》卷十五。該卷標題是〈衛朝奉狠心盤貴產 陳秀才巧計賺原房〉，作者用了「狠心」和「巧計」兩個詞，愛恨褒貶顯而易見。衛朝奉的行為固然無賴無恥，是非法的，但陳珩的所作所為也是違法的，見不得光的。我們不能因為陳珩是房產爭奪案的受害者，不能因為衛朝奉是吃人不吐骨頭的高利貸，就肯定陳珩的行為。在事情之初，陳珩是受害的弱者，被奪產訛

財，沒有辦法維護合法的權益。當他從屍體身上卸腿的時候，陳珩設計了一個更狠更無賴的方法，最後算計了衛朝奉。當然，他被迫如此。

《初刻拍案驚奇》的同一卷還說了一個類似的案子，可以作為上面的佐證。錢塘有個家徒四壁的讀書人姓李，和母親擠在西湖口昭慶寺左側的一間小房子裡。李書生欠了昭慶寺的僧人慧空五十兩銀子高利貸，三年後本金利息達到了一百兩。慧空和尚終日索債，李書生手足無措，只好將房子抵債。那房子市值三百兩銀子，李書生要慧空另付二百兩。慧空知道李書生別無他路，故意不要房子，最後沒辦法了，李書生只好把房子以一百三十兩的低價賣給了慧空和尚。慧空搬進去住了，李書生帶著母親租房居住，後來連房租也交不出來了，被房東催討。母親憂愁成病。

李書生的困難被行俠仗義的賈秀才知道了。賈秀才幫他付了房租，再拿出一百三十兩銀子讓他贖回原屋居住。李書生去贖屋，慧空起先不肯，後來說「我們又增造許多披屋，裝折許多材料」，價格已經不止一百三十兩了，要李書生拿三百兩來贖。李書生空手而歸。

賈秀才聽說後，親自來找慧空。慧空喝完酒正在樓上小睡。賈秀才悄悄摸上去，看樓上四面有窗，後窗正樓有一個大戶人家的少婦在做女工。賈秀才心生一計，偷偷穿上慧空的衣帽，向對樓的婦人百般調戲。少婦面紅耳赤，跑下樓去。賈秀才趕緊將衣帽物歸原主，悄悄下樓溜走了。不一會兒，對面的十來個漢子，拿著棍棒衝進來，還大聲叫罵：「賊禿驢，竟然如此無禮，大膽調戲俺家主母！打走你半條命，再送你吃官司。」慧空被驚醒後，手足無措。家裡被砸得一片狼藉，慧空渾身衣服也被扯得粉碎，被打得半死。臨走，那夥人還惡狠狠地說，以後看見慧空一次、打一次！慧空知道對門是大戶郝家，鬥不過，一溜煙逃回昭慶寺了。

過了兩日，李書生又來找慧空贖房。慧空滿口答應，拿了一百三十兩銀子，退了房契。賈秀才也算是「巧計」達成了目的。

底層的愛情：
名妓王美娘從良案

　　南宋高宗初年，臨安城內有一個走街串巷的挑擔賣油郎，姓秦。因為他買賣公道，生意興隆，人們都叫他「秦賣油」。

　　這個秦賣油只有二十歲左右的年紀，本是汴梁人士，在靖康之亂中隨父親逃難。十三歲時，父親將他賣給在臨安開油店的朱十老，在店中學做賣油生意。後來朱十老受其他人的挑撥，給了秦賣油三兩銀子，將他掃地出門。秦賣油沒有其他親人，咬咬牙在眾安橋下租了一間小小房兒，置辦了油擔傢伙，剩下的碎銀都繳給油坊當作本錢，每日批些油滿城跑，賺辛苦錢過活。秦賣油小小賣油郎，身世真是悽慘，生活也的確艱難，屬於臨安這座都城中可有可無的底層人民。

　　二月的一天，秦賣油去昭慶寺賣油，看到寺廟右邊有戶人家，「面湖而住，金漆籬門，裡面朱欄內，一叢細竹」，一看就是有錢人家的宅院。秦賣油不禁多看了幾眼，這一看改變了他的命運：院子裡出來一位女孩，容顏嬌麗，體態輕盈，舉止高雅。秦賣油目不轉睛。「準準的呆子半晌，身子都酥麻了」。

　　套句時髦的話，年輕的賣油郎立刻被邱比特之箭射中了。誰說低賤的賣油郎不能戀愛，秦賣油就深深愛上了這位姑娘。他四處打聽，得知

這位姑娘竟然是臨安城名妓王美娘。秦賣油深深愛上了她。

這王美娘也是汴梁人士，原名莘瑤琴，自小坐得清秀，資性聰明，琴棋書畫無所不通。無奈靖康之亂發生，她與親人失散，被人拐賣入妓院。

老闆王九媽將瑤琴改名王美娘，「教他吹彈歌舞，無不盡善」，王美娘長大後非常嬌艷。臨安城中，「這些當豪公子慕其容貌，都備著厚禮求見。也有愛清標的，聞得他寫作俱高，求詩求字的，日不離門。弄出天大的名聲出來，不叫他美娘，叫他做花魁娘子」。王美娘顯然不是秦賣油能夠妄想得到的，秦賣油是否在做癩蛤蟆想吃天鵝肉的白日夢？

巧的是，王美娘雖然久在歡場，是強顏歡笑的高手，心卻不在歡場，也思念早日脫離苦海。

王美娘是誤入歡場的，起初拒絕接客。十四歲時，大富豪金二員外用三百兩銀子買通王九媽，將王美娘灌得爛醉如泥後姦汙了她。王美娘事後痛不欲生。她不想賣身謀生，無奈又脫離不了苦海，不吃不喝，意志消沉。王九媽怕出大事，就找了老前輩劉四媽來勸說王美娘。劉四媽來了後，王美娘堅持要從良。劉四媽就向她詳細介紹了妓女從良的歷史，分門別類，娓娓道來：

古代妓女從良分真從良，假從良；苦從良，樂從良；趁好的從良，沒奈何的從良；了從良，不了的從良。

兩人相逢，真心相愛，割捨不下，自願婚嫁，叫做「真從良」，這是最好的出路。「有等子弟愛著小娘，小娘卻不愛那子弟。曉得小娘心腸不對他，偏要娶他回去。」男方強娶，女方心中不願，但不得不嫁，就是「假從良」。

「子弟愛小娘，小娘不愛那子弟，卻被他以勢凌之。媽兒懼禍，已自

許了。做小娘的，身不繇主，含淚而行。」這叫做「苦從良」。結果是侯門深如海，家法森嚴，從良後「抬頭不得，半妾半婢，忍死度日」。

而「樂從良」則是妓女雖然不愛男方，但「見他情性溫和，家道富足」，家裡的正妻又品性善良，無男無女，夫家指望她過門生育男丁，所以決定從良。

「趁好的從良」指妓女在盛名之下，從眾多追求者中挑選個滿意的，急流勇退。「沒奈何的從良」指妓女「原無從良之意，或因官司逼迫，或因強棋欺瞞，又或因債負太多，將來賠償不起」，「得嫁便嫁，買靜求安」，只求藏身。

「了從良」就是潦草從良的意思，半老的妓女「風波歷盡，剛好遇個老成的孤老，兩下志同道合，收繩卷索，白頭到老」。「不了的從良」指妓女「一時之興，沒有個長算」，嫁人後，不是因為不守家法或者和正妻不和，在夫家待不下去，就是夫家家境貧寒，養她不活，結果往往重入歡場。

劉四媽語重心長地對王美娘說：「千錯萬錯，你不該落在此地。」

既然進了妓院，王美娘不替老闆賺銀子，老闆豈肯放你走？更重要的是，既然要從良，就得挑個好人家去。要比一般人更慎重，更寶貴。因為她們選擇少，劉四媽繼續分析，你如果執意不肯接客，老闆隨便找個肯出錢的人買你去做妾，那你就毀了。

「那主兒或是年老的，或是貌醜的，或是一字不識的村夫，你卻不骯髒了一世！」她說，為了從良你就要接客，尋找你要跟從的對象。雖然這聽起來不近人情，但閱歷和人脈很重要。而且趁著年輕多賺些銀子，日後既可作從良的資金也可以解決後半生的生活。末了，劉四媽對王美娘說，但願你能「好模好樣地嫁去」。

劉四媽對王美娘這番勸說，固然站在妓院利益角度說話，但並非妄語。它是劉四媽觀察妓院幾十年的血淚總結，是後人觀察妓女從良問題的寶貴經驗。對王美娘來說，劉四媽的苦口婆心不愧為是兩全其美的建議。

王美娘從此擦乾眼淚，收拾行頭接客，馬上賓客如市。「捱三頂五，不得空閒，聲價愈重。每一晚白銀十兩，兀自你爭我奪。」

再說那秦賣油，有意與王美娘肌膚接觸，可那十兩銀子的一夜「花柳之資」對於身家只有三兩銀子的他來說無異為鉅款。怎麼辦？

秦賣油倔強能幹，咬牙決心湊足銀子，一年不行花三年，三年不行花十年。見過花魁娘子王美娘後，秦賣油開始累積「每日所賺的利息，又且儉吃儉用，積下東西來，置辦些日用家業，及身上衣服之類，並無妄廢」。每日收入有多有少，秦賣油「只揀足色細絲，或積三分，或積二分，再少也積下一分，湊得幾錢，又打換大塊頭」。經過一年的日積月累，秦賣油有了一包散碎銀子，一秤，竟然有十幾兩。

當下，秦賣油買了全新鞋襪，把衣服洗得乾乾淨淨，買幾根安息香，薰了又薰。打扮整齊後，秦賣油來到了妓院。他正在躊躇，王九媽認出了秦賣油，招呼說：「你今日不做生意？」秦賣油只好厚著臉皮，上前作揖：「小可並無別事，專來拜望媽媽。」

王九媽多年老鴇，見秦賣油這般裝束，早猜出了大概，滿臉堆笑道：「秦小官拜望老身，必有好處。」不等他猶豫，王九媽就拉他到裡面客座落座。

秦賣油這才承認：「我想在媽媽宅上請一位姐姐吃一杯酒兒。」

王九媽嘆道：「你是個老實人，幾時動了這風流之心？」說：「我家的幾個女孩，你常來賣油，也都認得。不知你中意哪一位？」

秦賣油說：「別個都不要，單單要與花魁娘子相處一宵。」

王九媽變臉說：「你難道不曉得我家娘子的身價！你不如將就一下，換一個吧？」

秦賣油問：「不敢動問，你家花魁娘子一夜要多少？」

王九媽笑道：「要十兩銀子，其他雜費不在其內。」

「原來如此，不是大事。」秦賣油摸出一大錠銀子，遞給王九媽：「這一錠十兩重，足色足數，請媽媽收。」又摸出一小錠來也遞過去：「這一小錠，重有二兩。望媽媽成就這件好事，生死不忘，日後再有孝順。」

王九媽拿了大銀，心中早就認可這樁生意。但轉念一想，又再勸他說：「你一個小本生意的小販，累積十兩銀子不易，三思而行啊。」

秦賣油毅然道：「小的主意已定，不要你老人家費心。」

王九媽收了銀子，實話實說，王美娘今天出去接客了，明後天也被人預約了，要秦賣油大後天來看看。同時，王九媽提醒說：「我家美娘往來的都是王孫公子、富室豪家。這幾日你且不要賣油，預先留下個體面。」

秦賣油告辭後，果然停了三天生意，不去賣油，到典鋪裡買了一件半新半舊的綢衣穿上。

第四天，秦賣油起了個大早到妓院去。去得太早，妓院還沒開門，秦賣油先去西湖閒逛了一回，良久又踅轉去。妓院的門是開了，但門前轎馬出入，門內有許多僕從。原來韓府來接公子。秦賣油只好轉身找了一個飯店坐了一會兒，再到妓院探信。王九媽抱歉道，韓公子夜宿後白天又拉著王美娘去賞早梅了，辭不得。所以秦賣油的這筆生意今天做不成了，要日後再說。如果秦賣油不願，王九媽許諾退還銀子。

秦賣油願意等，每天賣完油，傍晚時分就打扮齊整到妓院探信。一個多月，都沒有尋到王美娘有空的日子。

十二月十五日，大雪方霽，西風過後，積雪成冰。秦賣油又打扮好去探信。王九媽高興地說，王美娘陪俞太尉賞雪去了，俞太尉七十歲了，男女之事肯定不行了，所以王美娘晚上會回來。

秦賣油喜出望外，坐等到天色已晚，昭慶寺的晚鐘都撞過了，王美娘還沒回來。好不容易回來了，王美娘已經「吃得大醉，侍女扶將進來，到於門首，醉眼朦朧」。王九媽介紹說有客在房中等著，王美娘早已身心疲憊，又見秦賣油貌不出眾，就蹣跚到臥房，也不卸頭，也不解帶，脫了外套就和衣上床，倒身而臥。王九媽見王美娘如此做法，心裡過意不去，很尷尬地看看秦賣油。秦賣油擺擺手，表示無所謂。

旁人都退出後，秦賣油看美娘背對著他，睡得正熟，被子壓在身下。他想酒醉之人必然怕冷，又不敢驚醒她，「忽見欄桿上又放著一床大紅絲的錦被，輕輕地取下，蓋在美娘身上，把銀燈挑得亮亮的，取了這壺熱茶，脫鞋上床，捱在美娘身邊，左手抱著茶壺在懷，右手搭在美娘身上，眼也不敢閉一閉。」

熬到半夜，王美娘不勝酒力，腹中翻江倒海，迷迷糊糊爬起來坐在被窩中，秦賣油也慌忙坐起來，知她要吐，放下茶壺撫摸她的背部。良久，王美娘忍不住了便吐。秦賣油「怕汙了被窩，把自己的道袍袖子張開，罩在她嘴上」。美娘不知所以，盡情嘔吐完，閉著眼討茶漱口。秦賣油下床，將道袍輕輕脫下，放在地上，摸摸茶壺還是溫的，就斟上香噴噴的濃茶，遞給王美娘。王美娘連吃了兩碗，腹中舒服多了，身子又累了，又背對秦賣油倒頭就睡。秦賣油依然上床，擁抱似初。

王美娘睡到天明醒來，轉來見旁邊睡著一個人，問道：「你是誰？」

秦賣油回答：「我姓秦。」王美娘恍恍惚惚想起昨夜的事情，便說：「我昨夜好醉！」秦賣油道：「也不甚醉。」「我記得曾吐過，又記得曾吃過茶來，難道做夢不成？」秦賣油這才說：「是吐了。我見小娘子多了杯酒，也防著要吐，把茶壺暖在懷裡。小娘子果然吐後討茶，我斟上，小娘子飲了兩杯。」王美娘大驚：「吐在哪裡？」秦賣油道：「我怕汙了你的被褥，就用袖子盛了。」王美娘看到地上的袍子，說：「可惜壞了你一件衣服。」秦賣油道：「這是我的衣服，有幸得沾小娘子的餘瀝。」

秦賣油的這幾句話說得知心得體，王美娘端詳面前這個同齡人，很有好感。

此時天色大明，王美娘猛然認出這人就是秦賣油，驚問他昨夜為何在此。秦賣油實話實說，自己的確是賣油郎，將初次看見美娘後的思念之情和累積風流之資等事，一一道來。「夜來得親近小娘子一夜，三生有幸，心滿意足。」

王美娘的第一反應是可憐秦賣油，說：「我昨夜酒醉，不曾招待你。你浪費了那麼多銀子，不懊悔？」

秦賣油道：「小娘子天上神仙，我唯恐服侍不周。小娘子不責備我已為萬幸，況敢有非意之望！」

王美娘嘆道：「你一個小販，積下銀兩，何不留下養家？我這地方不是你應該來的。」秦賣油道：「我單身一人，並無妻小。」王美娘看看他，頓了一頓說：「你今日去了，他日還來嗎？」秦賣油道：「昨晚已慰生平，豈敢再作痴想！」

王美娘心想：「難得這好人，又忠厚，又老實，又且知情識趣，隱惡揚，千百中難遇此一人。可惜是市井之輩，若是衣冠子弟，情願委身事之。」

　　秦賣油洗臉後告別。王美娘拉他多坐一會兒，說說話。秦賣油說：「我仰慕花魁娘子，在旁多站一刻也是好的。但留宿的事情唯恐他人知道，玷汙了娘子的芳名，還是早點離開好。」王美娘就偷偷取出二十兩私房銀，送給秦賣油：「昨夜難為你，這銀兩奉為資本，莫對人說。」秦賣油不肯接受，王美娘把銀子硬塞到秦賣油袖內，推他轉身。秦賣油只好接受，深深作揖告別。

　　在男女不平等時代，人們依然追求愛情的幸福 —— 這是亙古不變的。時代的束縛和身分的差距，讓秦賣油和王美娘這兩個同屬社會底層的男女，沒有來得及說更多。他們也不可能將男婚女嫁的事情說出來。一個賣油郎娶一個名妓，說出來不會被人看好，更得不到人們的祝福。可透過一言一行，秦賣油已經將真心真情表達了。妓女最缺少什麼？就是真心真情。劉四媽說做妓女的，「不是個軟殼雞蛋」，不能太在乎自己，更不能看重自己，為了拉住主顧，為了賺銀子，要寡廉少恥，要自我作踐。如果違背了主顧或者老闆的意思，「動不動一頓皮鞭，打得你不生不死，那時不怕你不走他的路兒」。秦賣油雖然是以嫖客身分出場，但對王美娘的真心尊重、無微不至的愛護深深打動了後者。王美娘繼續在盛名之下過著朝歡暮樂的日子，「每遇不如意之處，或是子弟們任情使性，吃醋挑槽，或自己病中醉後，半夜三更，沒人疼熱，就想起秦小官人的好處來」。此處的秦小官人就是秦賣油。到了明朝，歡場妓院中「凡誇人善於幫襯，都叫做『秦小官』，又叫賣油郎』」。

　　秦賣油為什麼會對王美娘這般真心，除了愛慕之外，很重要的一點是他也屬於社會底層，秦賣油屬於「士農工商」末尾的商人，而且還是居無定所的遊蕩小販，就是拿著銀子去逛妓院也會被妓院老闆鄙視。王美娘的社會地位很低，秦賣油不見得比她高多少，可在經濟地位上秦賣

油無疑是底層的底層。人見人欺、夾著尾巴做人的相同境遇，讓秦賣油非常理解王美娘的苦楚，真心相待。

卻說王美娘經常受到一個叫做吳八公子的惡霸糾纏。一天，吳八公子領著十多個狠僕砸了妓院，把王美娘拖出房外去「遊湖」。倔強的王美娘在船上掩面大哭，任憑吳八公子叫罵「小賤人」、「不識抬舉」、「再哭就討打了！」她抱住欄桿，只是嚎哭，如果惡人來拉扯就雙腳亂跳，哭聲更高，蓬著頭，跑向船頭就要投水自盡。僕人們忙拉住她。吳八公子最後吩咐找了個湖邊僻靜之處脫去她的外套和鞋襪，把她赤腳趕上岸去。

王美娘受了侮辱，又在小路上跌跌撞撞，舉目無親，越思越苦，放聲大哭。剛好秦賣油路過此處，上來相助。王美娘如見親人，一把鼻涕一把淚地訴說了前因後果。秦賣油陪著她一起流淚，取出一條白綾汗巾，包在她腳上，再親手給她拭淚，幫她整理頭髮，好言寬慰。等王美娘情緒平定了，秦賣油又叫了個暖轎，讓美娘坐了，自己隨後步行，護送她回妓院。

到妓院後，天色已晚，秦賣油起身作別。王美娘拉著他不放。當晚，兩人親熱了一場。王美娘對秦賣油說：「我要嫁你。」秦賣油心中歡喜，但怕美娘沒有考慮成熟，一時興起，又怕自己赤貧之家，美娘嫁過來後委屈了她。王美娘嚴肅地說自己無日不想從良，「只為未曾相處得人，不辨好歹，恐誤了終身大事」。平日接觸的「都是豪華之輩，酒色之徒，但知買笑追歡的樂意，哪有憐香惜玉的真心」。只發現秦賣油「是個志誠君子，渾踡你尚未娶親。若不嫌我煙花賤質，情願舉案齊眉，白頭奉侍」。如果秦賣油不要自己，王美娘發誓：「就將三尺白羅，死於君前，表白我一片誠心。」

秦賣油很感動:「小可承小娘子錯愛,將天就地,求之不得,豈敢推託?」

妓女從良,最關鍵的是找對人。王美娘解決了這個關鍵問題,累積了數千金銀寄存他處,現在全部取出,又買通劉四媽,最終說動王九媽同意她從良。於是,秦賣油鄭重地將王美娘娶進家門。王美娘捨去錦衣玉食,和丈夫秦賣油過起了布衣素食的日子。

這是一個妓女成功從良的典型案子,記載在《醒世恆言》中。書中還說秦賣油和王美娘結婚之後是如何地幸福。王美娘的父母都來團聚,她又拿出積蓄,秦賣油有了店鋪,生意興隆,一家人生活富足美滿。書中還說秦賣油和王美娘白頭偕老,生下兩個兒子,兩個兒子都讀書成名。為了勸導妓女從良,樹立榜樣,《醒世恆言》這麼寫是可以理解的。但在現實中這卻不太可能。首先,我們知道王美娘才貌雙全,在上流社會中生活交際;而秦賣油布衣一個,是否識字都難說,夫妻二人的差距很明顯,雙方有多少共同語言很難說。如果不是秦賣油之後表現出來的真心真情,王美娘很可能始終一樣,看不上他。其次,秦、王二人的身分決定,他們的兒子不能讀書、不能考科舉。賤民脫離賤業三代之內,子孫都不能參考科舉考試。至於夫妻兩人婚後經營賣油生意,生意興隆的情節,更表現了農業社會對一個家庭的理想藍圖。秦、王二人的婚後生活應該是平淡無奇的,但對於二人來說已經足夠了。

王美娘成功從良案的最大「看點」是兩個社會底層的曲折愛情,多麼溫馨,多麼值得後人祝福。

絕纓大會：
宮廷性騷擾案件中的女性

春秋時的一天，楚莊王大宴群臣。大家都高高興興地參加了。

如今的影視作品，幾乎讓所有觀眾都產生了一個錯覺：古代君臣們大碗喝酒、大口吃肉是尋常小事。事實上，歷史研究告訴我們，古代人生活困苦！楚國的貴族和文武大臣們都難得有吃肉喝酒的機會，一天只吃兩餐，不餓肚子而已。現在一聽到楚莊王請客，大家都來了，比上朝還迅速。

楚莊王這次很慷慨，宴會上不僅有肉，還有美酒。大臣們吃喝到日薄西山，還解開腰帶繼續往肚子裡裝東西。誰都沒有主動離開。西周的大聖人周公曾禁止夜間喝酒。表面上的原因是商紂王就是酗酒亡國的，周朝的諸侯大夫們要引以為戒；真實的原因是周朝根本無法讓貴族階層大吃大喝。所以，太陽一下山，宴會上的幾個大臣心裡覺得宴會要結束了，還是抓緊最後的時光多吃點吧。

沒想到，楚莊王示意下人點起燈燭，繼續上酒上菜。

大臣們喜出望外，紛紛把感恩的目光投向楚莊王。如果不是嘴裡塞滿了食物，許多人都會萬歲的。

這楚莊王也著實厲害。幾年前還是一個整天渾渾噩噩、不思進取的

昏君，聽別人說楚國的山上停著一隻大鳥後，就自稱自己就是那隻大鳥，不飛則已，飛起來就是一鳴驚人。果然，楚莊王這兩年帶著楚國東征西討，很是驚人。這天晚上，他對大臣們的慷慨也是挺驚人的。

「飽暖思淫慾」，一點都沒錯。大臣們斜躺著身子，閉起了眼睛。他們是在回味宴會上的美味呢，還是想念著家裡的小妾呢？不得而知。

楚莊王見宴會氣氛有點冷卻，就叫出寵妃許姬幫各位大臣倒酒。許姬的美貌不是能夠描述的。只見朝堂上的幾位大臣，看著許姬過來倒酒，眼神曖昧起來。

一陣夜風驟起，吹滅了朝堂上的所有燈燭。宴會陷入了一片黑暗之中。正彎腰倒酒的許姬突然被一隻大手拽了過去，她感覺到一張嘴巴湊了上來。智慧和美貌並具的許姬臨危不亂，迅速穩定重心，站穩身子，一隻手從那人的頭上掠過，碰著頭盔的頂部。許姬靈機一動，順勢折斷了頭盔上的帽纓。

許姬羞紅著臉，趕緊跑回楚莊王的身邊，將剛才的遭遇告訴了君王。調戲君王的寵妃，就是冒犯君王，當著君王的面調戲王妃，罪過就更大了。問題是，這個人是誰呢？許姬拿出折斷的帽纓，悄聲建議一會兒重新點燃燈燭後，看誰的頭盔頂上沒有帽纓，就治誰的罪。

楚莊王聽完，高聲說：「今日，君臣痛飲，務求盡興。大家不必拘束，不需要正襟危坐，也不必穿戴整齊。來來來，大家都把頭盔上的帽纓給摘了，隨便些。」同時，他示意下人們暫緩點燈。等大臣們把帽纓都給摘掉了，才重新點上燈燭，重開歡宴。這一夜，楚國君臣直喝得盡歡而散。只留下許姬一人委屈地低頭哭泣。

發生在楚國朝堂之上的性騷擾王妃案就這麼被掩飾過去了。

在楚莊王眼中，政治是擺在第一位的，再漂亮的女人、再喜愛的女

人都是次要的。因此他不會為一個女人傷害君臣關係，相反卻要藉此收買大臣的忠心。事實上，楚莊王成功了。三年以後，楚國和晉國爆發爭霸大戰。有一位楚國將領（有人說他叫唐狡，有人說叫蔣奇）奮不顧身，無畏地殺入敵陣。楚莊王在戰鬥間隙好奇地問：「你為什麼如此捨生忘死為我而戰？」將軍回答說：「大王還記得三年前的宴會嗎？我就是那個被折斷帽纓的人。大王當時不殺我，我就決心誓死效忠大王，報答厚恩了。」正是因為楚莊王用各種手段，聚攏了人心士氣，楚軍最終打敗了晉軍，樹立了霸業。

而那次盛宴，古代史家和好事文人取了個響亮的名字，以資紀念。「絕纓會」、「摘纓會」等名目紛至沓來。更有好事者賦詩詠嘆曰：「暗中牽袂醉中情，玉手如風已絕纓。盡說君王江海量，畜魚水忌十分清。」

歷代都沒有人關注過那個被忽視的許姬，楚莊王收買了人心取得了霸業，那許姬呢？她被某個人性騷擾（春秋時期的性騷擾事件的嚴重性遠高於現在）的事情就這麼過去了，她就應該被騷擾嗎？

非常遺憾，中國古代史基本上是男性的歷史，我們以名聞遐邇的《三國演義》為例子。在這部作品中，如果剔除那些小妾侍女丫鬟，全書只出現了三個女性。一個是被司徒王允用作工具，使美人計，讓她盤旋在董卓和呂布兩個男人之間的貂嬋。貂嬋就是一件被兩個男人爭搶的玩具，董卓，呂布敗亡後她還背上了「紅顏禍水」的惡名。第二個是舞刀弄槍、很不討家人喜歡的孫尚香。結果她被哥哥孫權和大臣周瑜等人設計，當作消磨敵人鬥志的禮物「嫁」給了劉備叔叔。劉備後來發達了，和孫權翻臉了，孫尚香灰溜溜地回到了東吳。後世文人，比如羅貫中，可能覺得這個女人太有個性了，需要向「世人所接受的價值」靠攏，於是替孫尚香安排了劉備死後投江殉葬的結局。第三個女角色是祝融夫

人。她可厲害了，甩一手好飛刀，連續擒獲多名蜀漢大將。可惜羅貫中根本就沒拿正眼看她，因為祝融夫人一登場就是西南蠻夷孟獲（就是那個笨到被人連抓六次，到第七次還不長記性的孟獲）的夫人。「化外之人」，不足掛齒。

歧視，徹底的歧視。女權主義者往往義憤填膺地批判古代歧視婦女的言行，為婦女的地位抱不平。古代婦女的一生基本上在家從父，出嫁從夫，夫死從子，不要說事業了，沒有被皇帝拉去殉葬就不錯了。女權主義者常常舉已經被魯迅等人批判的古代逼寡婦絕食自殺殉節的例子，厲聲譴責一位女子的生命難道比不上一塊貞節牌匾嗎？

考古發現和邏輯推理告訴我們：在古代實現男女平等的想法是美好的，但是並不合理。古代的物質生活是多麼地艱苦。男人們辛辛苦苦一年，卻不能解決溫飽問題。古代，人口的分布也很稀少，不足以保證多數人的安全，少數地方甚至還有虎狼出沒。在這種情況下，讓婦女，尤其是沒有經驗的女孩子去奮鬥，是不公平的。畢竟男女在體力和精力上存在差距，考慮當時的工作條件，女人未必能勝任耕種、養殖、交易等工作，遠洋航行、挖地採礦、從軍作戰等更高難度的工作就更不適合女性了。現在的辦公室裡，女人的確能做所有的工作，可在與天鬥、與地鬥、與人鬥、與豺狼虎豹鬥的古代呢？

古代婦女的依附地位還有另一層意思：男性對女性的責任。古代婦女既然依附於男性，那麼父親、丈夫和兒子就對她們負有責任，要保障女性的生活和安全。婦女可以免於勞作之苦，免於日晒雨淋。男主外女主內是古人在艱苦卓絕的生活中得出的結論，自然有它的道理。當然，古代婦女的地位並不好，有時還很糟糕。就像許姬一樣，衣食無憂，但心情並不好。她的丈夫楚莊王盡到了供養的責任，但這是遠遠不夠的。

楚莊王不應該為了政治考量，毫不顧及許姬的感受。人生除了吃喝住行外，還有感受、情緒、觀念等等內容。在男女不平等的古代，男性可能滿足了女性的物質需求，但沒有平等、完整地考慮女性的全部需求。也許女性依附男性的歷史太長久了，讓男性逐漸忘記了對女性平等相待和深刻觀察。他們寧願和無聊的同僚、初識的酒友談上好幾個時辰，也不願意和妻子平等地交談一刻鐘，並且想當然地安排好女兒的婚事。這是導致許多女性悲劇的根源，才應該是如今的男女平等主義者譴責的地方。

回到楚莊王面對的難題：如果楚莊王不願意點燈為寵妃討回公道，也應該在事後向寵妃解釋清楚，安慰她，感謝她。可惜楚莊王沒有做，所以他不是一個好丈夫。

江充告趙王：
小人物向上爬的艱苦

　　漢武帝中期，趙國邯鄲有一個少年，叫做江齊。

　　江齊常常躺在草地上觀看藍天，胡思亂想，想像雲端之上的宮闕到底有多麼金碧輝煌，嚮往宮殿裡的神仙生活。那該是怎麼樣的生活呢？江齊實在太喜歡藍天了，以至於一有空就抬頭看天，引得眾人側目。藍天不是凡人上得了的，江齊只好嚥下口水，思索怎麼在地上飛黃騰達、青雲直上、出將入相，把天上的美好生活搬到地上來。慢慢的，江齊成為了一個權力慾很強的「有志青年」。為了在權力道路上走得一帆風順，江齊進行了充分地準備。他本來就長得高大，一表人才，智商很高，看人看事頭腦清晰，為人處世很得體，現在透過刻苦地讀書學習，寫得一手好字和漂亮文章。在漢朝，只有當官的人才會去讀書寫字。江齊希望進入官場的心思暴露無餘。遺憾的是，周圍的人都勸他：「江齊，你別做夢了！你只是個平民小百姓，別痴心妄想當大官了，安安分分過日子才是正道。你再準備充分，也做不了官。」

　　江齊的家庭是「布衣之人，閭閻之隸」，是邯鄲城裡的普通老百姓。西漢帝國的普通百姓只有兩條道路進入官場。第一是薦舉和徵辟，官府定期會挑選品德高尚、孝行出眾的子弟進入官場。但實際得到推薦的都

是官場子弟，幾乎沒有平民百姓。第二條更可行的道路是透過軍功入仕。當時西漢帝國正在與北方強悍的匈奴鐵騎作戰，平民子弟參軍，斬獲一定數量的首級也可以升官封爵。江齊摸摸自己並不粗壯的手臂，覺得一旦從軍自己更可能成為匈奴人升官的籌碼。這條路風險太大，也走不通了，而科舉要六百年後才出現，所以江齊入仕的道路被封死了。

江齊還是想出了一條當官的道路：巴結高官顯貴，得到特別任命。邯鄲最大的官就是封在此地的趙王、漢武帝劉徹的異母哥哥劉彭祖。江齊發現趙王的太子丹是個聲色犬馬的好色之徒，於是將擅長鼓琴歌舞的妹妹獻給太子丹。這一招很有效，他得到了進入趙王府的門票，成為了趙王的座上賓。只要江齊好好展示自己的能力，為趙王父子解決某個難題，就極有可能得到夢寐以求的委任狀。

江齊會這麼順利嗎？我們先來看看被追諡為趙敬肅王的劉彭祖是什麼角色。史書稱劉彭祖是「巧佞、卑諂足恭」的卑鄙陰險人物。劉彭祖掌權六十多年裡，朝廷派到趙國來的相國和其他官員，沒有一個人得到善終，「大者死，小者刑」。為了監督分封地方的藩王，朝廷向各封國任命了許多相國、長史等官員。有新官到邯鄲上任的時候，劉彭祖都穿上帛布單衣，親自迎接，表現得恭順尊重，暗地裡卻「多設疑事詐動之」，讓新官犯錯，劉彭祖就將之記錄在案，要挾朝廷命官聽命於自己，不然就向朝廷告發。劉彭祖憑這一套在邯鄲作威作福，還殺人越貨，拚命撈錢，富可敵國。而地方官員則提心吊膽，不敢揭發趙王的劣行。趙太子丹和父親相比，有過之而不及，不僅貪財好色，還淫亂，甚至連親妹妹和父王的嬪妃都不放過。和劉彭祖、太子丹這樣的人相處。

江齊滿懷平步青雲的夢想進入趙王府，實際是深入虎穴，危機四伏。

　　江齊有事沒事就往趙王府跑，成了王府的賓客。他是希望王爺賞個差事，對王府裡的醜聞也三緘其口。

　　趙王父子卻警惕地江齊這個出身卑賤的陌生人。江齊知道的醜聞越多，太子丹就越擔心，擔心江齊把自已的醜事揭發出去。在太子丹看來，江齊是可以隨手捏死的螞蟻，所以最保險的方法：殺死他。太子丹先下手為強，捕殺了江齊的父親、兄長。江齊頭腦靈活，跑得快，躲過了捕殺。

　　江齊應該感謝殺父仇人太子丹，太子丹把江齊逼入絕境，讓他徹底失去了當趙國小吏的機會，反而逼他到更大的天地裡去爭取，獲取了驚人的功名。

　　江齊沒有像一般人那樣逃到匈奴地盤上，而是改名為江充，選擇了向西南逃亡入函谷關。遭到趙王勢力的追殺，但江充依然沒有放棄。江充覺得現在的失敗是投靠錯了高官導致的。既然趙王父子不能投靠了，那就找比趙王更厲害的角色。江充在絕境中還保持清醒的頭腦，他決定去京城長安告御狀。

　　江充覺得告御狀必勝。因為漢武帝是追求強權的專制君主，抑制貴戚，反擊匈奴，想方設法收回藩王的權力。江充相信即使是親兄弟，漢武帝也是猜忌趙王的。只要有真憑實據，小人物也能扳倒趙王。江充於是選擇太子丹為切入口，告發他與妹妹和父王的嬪妃通姦淫亂、勾結地方豪強狼狽為奸，證據鑿鑿。

　　在漢代，平民告藩王是驚天動地的大案。旁觀者都不看好，江充則信心十足。

　　果然，長安的官府聽說有人告趙王，沒有阻攔，直接報告了漢武帝。漢武帝對趙王這個哥哥戒心滿滿，先入為主地接受了江充的控訴。

他看完江充長長的訴狀。江充的文章寫得很好，把案子說得很清楚，塑造了一個罪惡滔滔的形象。漢武帝閱完大怒，下令包圍趙王宮，收捕趙太子丹，嚴厲處治。太子丹很快被判死罪。劉彭祖為了救兒子，上書稱：「江充是個在逃小吏，以奸詐欺罔，激怒聖上，志在報復私怨，雖烹之醢之，計猶不悔。臣願挑選趙國勇士，從軍征伐匈奴，極盡死力，以贖太子丹罪。」趙王服軟了，交出了軍隊，漢武帝的目的達到了。太子丹被免了死罪，廢黜太子位。

案子結束後，漢武帝對訴狀的大膽、得體和通順留下了深刻的印象，一看原告是一介平民江充，好奇地下令召見。江充不是官，不需要穿統一的官服，理論上愛穿什麼就穿什麼。接見的那一天，江充別出心裁地穿著紗袍，圍著裙裾，戴著插有羽毛的步搖冠，加之身材魁梧，相貌堂堂，漢武帝一見就稱奇，對左右說：「燕、趙固多奇士。」談話中，漢武帝發現這個出身卑微的年輕人頭腦清晰，很欣賞。漢武帝問江充如何應對強悍的匈奴人。江充回答說：「因變制宜，以敵為師，事不可豫圖。」外交錯綜複雜，難以預測，最管用也最重要的原則就是見機行事、因變制宜了。江充對匈奴問題沒有專門研究，但有這樣的見識完全是頭腦清醒的展現。見漢武帝對匈奴問題頭疼不已，江充自願要求出使匈奴。漢武帝正愁找不到合適的使者（匈奴人常常無故扣押漢朝使節，朝野大臣視之為畏途），見江充主動請纓，大為激動，當場應允。江充頃刻躍升為帝國使節，初步實現了當官的夙願。更重要的是，漢武帝把江充的名字列在了忠臣幹吏的名單裡。

如果說狀告趙王是一次豪賭，江充取得了徹底的、巨大的勝利。

機遇只青睞有準備的人。江充的迅速竄紅，證明他對當時的政治形勢和漢武帝的心理有充分的了解和掌握。西漢王朝在漢武帝時期已走上

了正軌，各項制度和大臣們都循規蹈矩，在雄心壯志、作為不斷的漢武帝看來，不滿的就是整個朝廷渾渾噩噩、僵化不前。江充言行符合劉徹期望中的大臣形象，帶來了一股清風。他這樣的異類最容易成功了。

巨大的成功讓江充感悟了兩點：第一就是底層百姓要想在官場上飛黃騰達就必須效忠皇帝。「效忠皇上」不是一句口號，而是要想皇上所想，急皇上所急。第二，單單與皇上心思一致是不夠的，要發揮能力為皇帝辦事。不能解決問題的忠誠下屬，反而會拖累上司。江充決心繼續揣摩漢武帝的心思，辦事，辦好事。

江充把出使匈奴的差使做得很好，歸來後向漢武帝提供了許多匈奴的情況。漢武帝很滿意，破格提拔江充為「直指繡衣使者」。直指繡衣使者也叫做繡衣直指御史，是西漢侍御史的一種。之所以得名是因為使者出使時持節仗，穿繡衣，以示特別和尊寵，表示這是皇帝派出的專使。繡衣使者的官位很小，又不是常設官員，看起來權小位低，但因為是漢武帝為辦理專案特設的，直接向皇帝負責，能震懾大小官員。

江充的這個使者做得怎麼樣呢？後世批評江充只會「賣直邀寵」，說他立功心切，做事不講情面，專找顯貴大官的麻煩。他把主要精力用來糾劾馳道犯禁的貴族。馳道是按照「道廣五十步，三丈而樹。厚築其外，隱以金椎，樹以青松」修建的公路，專供皇帝馳行，臣民不得使用。然而貴戚大臣往往占用馳道。官府乃至歷朝皇帝也不聞不問。江充卻奏請漢武帝，今後若有在馳道上犯禁的，要將車馬沒收，把人送往征伐匈奴的軍隊。漢武帝覺得這是維護帝王尊嚴的好事，批准了。江充便在馳道上布下了一張黑網，大肆捕捉駕車駛入馳道的車馬，逮捕了大批貴戚及其子弟，其中包括漢武帝的姑母、陳皇后的母親館陶長公主和漢武帝長子劉據。江充將許多貴戚子弟押送到由皇帝直轄的北軍服役，列

入出擊匈奴立功贖罪的黑名單。於是「貴戚子弟惶恐，皆見上叩頭求哀，願得入錢贖罪。」漢武帝同意貴戚人家以錢贖罪，一下子收入了數千萬的財富。當時官軍正在為軍費發愁，江充既維護了皇帝的尊嚴又解決了軍費難題。江充還嚴令門衛禁止達官顯貴自由出入宮殿。漢武帝更喜歡江充了，認定他忠誠正直，奉法不阿，決心重用，再次提拔他為水衡都尉。

江充威震京師，但到地方任職後離開了皇帝的保護，立即招致了仇家的陷害。不久，江充就因為親戚的違法行為受到株連，被免官。江充一點都不在乎，因為他知道漢武帝會記起自己的。在明哲保身、爭權奪利的宮廷中，能夠找到敢辦事的人相當困難。果然漢武帝召回了江充。經歷這次挫折後，江充更堅定了先前的感悟，有恃無恐地繼續，後來在漢武帝晚年大肆整頓巫蠱，陷害太子劉據，引發了「巫蠱之禍」，讓長安城血流成河。江充最終被劉據殺死。

江充以「賊臣」、「大奸」之名遺臭萬年。即便有些離經叛道的李贄也在《藏書》中把江充歸入「賊臣傳」中。對漢武帝來講，江充不是奸臣也不是賊臣，而是忠臣。其他人可以背叛漢武帝，但江充的一切都是漢武帝賜的，漢武帝是他最大的也是唯一的支持者。他不可能背叛漢武帝，江充懲罰貴戚顯貴是抓住了皇帝的心思，借巫蠱之禍打擊太子是因為皇帝對太子懷疑猜忌，都是在辦漢武帝心裡想的，卻不好做的事情。他的「奸」和「賊」是因為替皇帝背黑鍋（大臣們不能罵皇帝就只能罵具體辦事的人），跟著皇帝一起犯錯誤（巫蠱之禍死了數萬人，漢武帝和江充都有責任）。他太支持皇帝，太拋頭露面做事了。

可出身貧寒的江充，如果不隨時跟隨皇帝，不努力辦事，又怎麼能飛黃騰達呢？

滿城黃金甲：

嘉慶年林清攻入紫禁城案

清朝乾隆嘉慶年間，北京大興縣宋家莊有個無賴叫做林清，吃喝嫖賭樣樣行。

林清做過許多不同的工作，在藥肆當過學徒，在宣武打過更，做過黃村書吏，和人開過茶館，介紹工程收過仲介費，結果不是因為嫖宿就是終日賭錢虧了本，都沒有長期經營。在皇城混不下去後，林清又去蘇州討生活，在糧道衙門、丹陽縣衙當長官的隨從。但是他惡習不改，「能營賄賂所得，即散去若糞土」，貪汙受賄，胡作非為。貪汙受賄案發後，官府要將他繩之以法，林清趕緊潛逃，隱姓埋名在運河拉船，逃回宋家莊。回到北京後，林清先和一幫無賴少年販鵪鶉，再和在衙門認識的王將軍家人開雀鳥鋪，後來因為分金不均、奢用無節制，被合夥人趕了出來。至此，林清徹底被生活拋棄了。

林清成了流氓無產者。走投無路的林清此時作出了一個影響深遠的決定：加入邪教坎卦教。

根據日後官府對林清的調查，林清此舉只為斂財：「我先前入教，原希圖斂錢。」坎卦教賣符水，騙騙村民綽綽有餘，但騙不了林清這樣飽經風霜、閱歷豐富的流氓。林清在入教後不久就成為了坎卦教的教主。

他是怎麼當上教主的呢？坎卦教的首領叫郭潮俊，嘉慶十三年（西元1808年）被人告發，林清受到牽連，被關進了保定官府。坎卦教被一網打盡，邪教群龍無首，林清最先被放了出來，就奇蹟般地做了教首。另一種說法是，郭潮俊這個教主性格怯懦，遇事畏縮，年紀也很大了，林清顯示了勇敢能幹的一面，被推舉為新教主。林教主苦盡甘來，終於不愁吃穿，能吃香喝辣了。

一個人從社會底層躍升到一定的高度，掌握了相當的金錢或者權力後，難免心理不正常。最典型的表現就是膨脹，自以為了不起，什麼都能辦到，想得到的東西越來越多。比如從底層來的頂級富豪總想壟斷某個行業，操縱市場，或者插手政治，結識權貴，把手伸得太長太遠了。林清取得坎卦教領導權之後，似乎真以為自己是神通廣大、無所不能的教主，既然能欺騙那麼多的教眾，那麼為什麼不能去爭奪權力呢？

權力慾在林清體內肆意生長，他掌教後，不嫖也不賭了，花費了精力經營坎卦敦，還統一了其他邪教，成立龐大的天理會。天理教「每日朝拜太陽，唸誦經語，可免刀兵水火之厄。如遇荒亂時候，並可乘時圖謀大事」。有了政治野心的林清還周遊天下，連繫直豫魯等省的邪教組織。早年豐富又坎坷的閱歷磨練了他的能力，如今顯露出了功效。

林清成功地將馮克善的離卦教、河南滑縣李文成的震卦教招至麾下，將勢力拓展到黃河兩岸，朝著胸中的宏偉目標邁進了一步，也為天理教埋下了禍根。

嘉慶十七年（西元1817年）十一月，林清在大興黃村召開了天理教大會。大會決定在嘉慶十八年（西元1813年）九月十五發動起義，京畿、直隸、山東和河南等地的天理教徒同時揭竿而起。

這個起義時間的選擇很有深意。嘉慶十八年（西元1813年）本來

應該有閏八月，古代人迷信認為閏八月有災，所以當時民謠有「八月中秋，中秋八月，黃花滿地發」的說法。「黃花滿地發」的典故語出黃巢的〈不第後賦菊詩〉，詩云：「待到秋來九月八，我花開後百花殺。沖天香陣透長安，滿城盡帶黃金甲。」當年黃巢科舉考試名落孫山，對官場絕望，就寫了這首典型的反詩，揚言「他年我若為青帝，報與桃花一處開」（〈題菊花〉）。「滿地黃花」從此成了造反的同義詞。老百姓迷信，總覺得閏八月的十五，也就是一年中的第二個中秋節要出大事。所以官府改嘉慶十八年的閏八月為次年的閏二月。他們以為皇曆改了，「黃花」就不會滿地發了。結果，林清等人選擇的起義時間在皇曆上雖然是九月十五日，但卻是老皇曆上的閏八月十五日。他們故意選擇當年的第二個中秋節來應讖。

考慮到天理教在京畿的力量小，大會約定直豫魯三省徒眾先行起義，然後趕到京畿會合，共同打進紫禁城去。李文成就在會上對林清說：「公此間兵少，滑縣兵不下數萬，僕當選精兵先期詐作商賈，陸陸續續馳至以助公，蔑不濟矣！」臨行，李文成再次叮嚀：「必俟滑兵至，公乃發，毋輕舉！」

在接下來的幾個月，林清、李文成造謠「世界末日」要來了，唯一避難之道就是花錢買天理教的小白旗，否則劫難一到必死無疑。許多貧民為了避免災難紛紛入教，林清大肆斂財，擴大隊伍。林清自稱是太白金星轉世，還編出了「若要白麵賤，除非林清坐了殿」的口號，打造聲勢。最後，林清約定徒眾可以花錢買起義成功後的土地、官職，一百文錢值一頃田地，糧食數石許給官職，雙方簽合約為據。

等到九月十五日，林清沒看到河南山東方向的一兵一卒。

原來，河南天理教起義走漏了消息，官府聞風而動，在九月二日就

將李文成等頭目抓入監牢。馮克善搶先起兵，救出李文成，占領了滑縣。李文成自稱「大明順天李真主」，借將近兩百年前李闖王李自成的名號欲成大業。黃河流域的天理教徒四處起義，除了在山東曹縣、定陶有所斬獲外，大多被地方官府撲滅。天理教缺乏軍事指揮機構，平時只會斂財，實現不了攻入紫禁城的宏圖偉業。

按原計畫，沒有援兵，林清不能輕舉妄動。但他早已好大喜功，極度膨脹，飄飄入雲端了，沒有援兵也盲目樂觀必勝在前。他還以為攻取紫禁城如探囊取物呢。林清的確有兩大有利條件：一是在內宮太監中攏絡了幾個教徒，可以接應；二是當時嘉慶皇帝在承德避暑山莊圍獵，正是紫禁城守備最鬆懈的時候。林清若指揮得當，原本是有出其不意攻陷紫禁城的機會的。但他把一場起義事件弄成了鬧劇。首先在九月十五日，林清只集合了一百四十多人。其中半數還是老弱婦孺，林清從中挑選了可用的七十二人，就是這七十二人，林清還大手一揮，兵分兩路進攻紫禁城。不知道林清是完全沒有常識呢，還是自信到了如此難以置信的地步？其次，天理教徒眾對紫禁城一無所知。部分人攻入宮門後，竟然到處找宮人詢問「金鑾殿在哪裡？」這句話表明，所謂的進攻紫禁城完全是一群烏合之眾的兒戲，結局可想而知。

一路起義者在宮門處就被禁軍消滅，另一路起義者混入了宮門，還在「隆宗門」牌匾上留下了箭頭，但在亂竄中被禁軍關閉大門堵在了宮中。幾名教徒準備逾牆殺出。日後的道光皇帝當時正在宮中讀書，急中生智拿起鳥槍射殺了兩名教徒。殺到十六日清晨，紫禁城內外的天理教徒被捕殺乾淨。

不敢親臨戰陣的林清於十七日清晨在宋家莊被捕，將來龍去脈招得一清二楚。林教主從雲端跌落到了殘酷的現實中，切身體會到了能力不

足者爭奪權力的害處，可惜為時已晚。

嘉慶十八年（西元 1813 年）林清殺入紫禁城案就此結束，被稱為「癸酉之變」。它導致了天理教遭到清廷的殘酷鎮壓，教徒家屬都被誅殺。嘉慶皇帝聞變後感嘆此乃「漢唐宋明未有之事」，下詔罪己。

天理教起義的背景是嘉慶年間直魯豫三省經濟貧困，農民「服田力穡，乃亦有秋季啼兒號寒，幾於無生」。嘉慶十七、十八年，三省天災連連，農業歉收，官吏不顧百姓衣食無著，加緊催科派差。因此天理教和林清等人才能蠱惑人心，發動起義。河南各地有「若要紅花開，須待嚴霜來」的民謠。李文成自稱「嚴霜十八子」，以「李自成轉世」自居，製造輿論。「嚴霜」可知，「十八子」則應了明末李自成的讖語。當年宋獻策投奔李自成的時候，獻上一條讖語：「十八子，主神器。」「十八子」就是「李」字。李自成在河南影響很大，李文成是想借用現成的民心。

林清殺入紫禁城的看點，除了一個流氓的野心外，還有民謠讖語等口號在起義中的作用。讖語是迷信的人指事後應驗的話。從黃巾起義時的「蒼天當立，黃天已死，天下大吉，歲在甲子」，到元末的「石人一隻眼，挑動黃河天下反」，再到林清等人的一系列的謠與讖，它們在組織民眾、擾亂社會民心方面很有用。

在缺乏大眾教育、底層社會流動不足的古代社會，口耳相傳的民謠和讖語的作用驚人。這些話語多少帶有真實的消息或者貼近百姓的生活，讓人寧可信其有不願信其無。更多的謠與讖經過了別有用心的加工和傳播，展現了部分民眾對局勢發展的預期，容易獲得認可。所以，上自王公貴族，下至販夫走卒，都很重視謠與讖。底層百姓從中得到安慰，繼續艱難的生活；上層人物利用它們造勢，在臉上貼金或者給暗處遮羞。傳說出身底層的明太祖朱元璋迷信讖語，曾讓劉伯溫占卜明朝的

曆數，劉伯溫算出來的結果是「遇順則止」。什麼意思呢？「順」代表什麼？朱元璋將「順」字拆開看，認為是「三百零八」的意思，引申為明朝有三百多年的國運。朱元璋想想，朱家能坐那麼多年的龍椅，也夠了。結果明朝不到 300 年就滅亡了，朱元璋算得並不對。但這讖語卻被公認是正確的。因為明朝末期遇到了李自成的「大順」王朝和關外的「順治」皇帝，雙「順」臨頭，明朝的江山能不亡嗎？

要杜絕林清攻入紫禁城這樣的事再度發生，治本之法是消滅民謠和讖語。王朝可以建立專門的輿情和謠讖部門，對民變不能治本也可治標。

中國人的窮：

美國外交官眼中的乞丐問題

晚清的一個週六，美國駐華使館的外交官何天爵和幾位同事在中國西部地區旅行時不幸迷路了。

當天晚上，他們找到了一家鄉村小店。許多年後，何天爵依然對這家小店的食物耿耿於懷，「唯一的食物就是將小麥粉和水，擀得又平又細，再切成一條一條的，放在沸水裡煮。這東西吃起來毫無味道，咬起來像皮革一樣，難以下嚥。」但是這家小店和所在的村子沒有任何其他可以吃的東西。這讓何天爵不禁想起了某年秋天在北京城東一百多里外山谷裡一座寺廟的經歷。當時他借住寺廟一宿，熱情好客的僧侶只給他一些生板栗和從寺院水井中打上來的泉水作為晚飯。何天爵委婉地表示食物有點寒酸，和藹的老住持滿臉驚訝，說：「板栗可不是一般的水果。吃幾斤板栗，再喝些泉水，肯定能填飽你的肚子。」當時無奈的何天爵硬是用板栗填飽了肚子，滿心不甘。現在想想，這小店裡的白水煮麵，還不如板栗泉水呢。

第二天，何天爵的僕人發現村子裡竟然有人在賣已經煮過的肉。不管三七二十一，他們立刻買肉回來。大家都已經餓壞了，抓起肉來狼吞虎嚥。肉的味道非常奇怪，難以名狀，何天爵吃了一小塊後肚子裡的胃

酸就一直往嘴裡翻騰。美國人責怪僕人，僕人自己也不知道怎麼回事。他判斷村裡那位推著手推車的老人賣給他的似乎是牛肉。好在老人賣肉的地方離小店不遠，一行人都出去找那位老人。以下是他們的對話：

「老人家，今天的生意怎麼樣啊？」

「非常好。我裝了一車的肉出來，現在賣的只剩下你看到的幾塊了。」

「你賣的肉是什麼肉啊？牛肉嗎？」

「不，這不是牛肉。我是離這個村子幾里外的農民。我養的一頭老騾子最近病死了。牠可是我所有的財產啊。所以我就先賣了牠的皮，再把牠的肉煮熟了叫賣。您看，現在就只剩下車上的幾塊了。」

何天爵在中國居住超過二十年，對中國社會進行了細緻的觀察。他發現中國人的日常食物包括蒸過的稻米，用過量開水煮過的高麗菜和作為美味佳餚的、浸泡在鹽滷水中的生蘿蔔。從食物上看，何天爵推論「中國人的絕大多數生活在我們難以想像的貧困之中」。他經常在城市和鄉鎮看到小孩子或者婦女手握著三四枚銅板，另一隻手拿著破瓷碎碗，一臉莊重的表情去購買全家人飲食的必需品，醬醋油鹽。「購物清單極可能包括：木炭、米或者麵粉、高麗菜。如果比較有錢的話，可能會再買食用油或者醬油。在極稀少的情況下，或者在重大節日裡，他們會多花一個銅板，買大約一湯匙的水酒，回家加熱一下，吃飯的時候慢慢享受」。「在中國，如果你看到十幾個大人和小孩子為了一堆牛糞而爭得不可開交，千萬不要覺得稀奇」。

中國窮人的房子是用土塊或者碎磚頭疊起來的，外面抹上一層泥巴。有的屋頂覆蓋著瓦片，多數房屋頂部都只是蓋著層蓆子，再在上面敷上石灰和乾草的混合物。所有的房屋都沒有超過一層樓的高度，一個五口之家或者六口之家就擠在這樣房屋中。房屋的地板是磚塊鋪的，或

者是泥土地；窗戶是紙糊的；門缺少固定，任由氣流隨意進出。中國的
房子都沒有煙囪，屋子裡在夏天和冬天也都不生火。只有在煮飯的時候
才生火。全部家具包括一張桌子，一兩把椅子，經濟允許的話可能還有
一個櫃子。磚砌的隆起的土炕，鋪上蘆葦，就是所有人的床。

中國人從不浪費任何東西。他們收集零星的抹布和布料，聚集到一
定數量後糊起來，當作鞋底。留意哪怕是最細小的木頭，到處收集碎木
頭，巧妙地黏合起來，用雙手變出來整塊木板或者整根棍子。北京一半
的房子是用已經使用了好幾百年的磚頭瓦片建造起來的，這些磚瓦還會
繼續被沿用好幾個世紀。

中國熟練的技術工人每天的平均收入不到 20 美分，非熟練工人，
「賣苦力」的人，每天收入不會超過 7 分錢。他們需要用這麼微薄的收入
來養活自己，照顧一至四、五個人的生活。何天爵僱用的信使，需要跑
五十公里路程來賺取 8 分錢。中國河運船隻僱用的縴夫，從天津出發逆
流而上到達北京通州，長達二百公里的路程可以得到 50 分錢和單程的飲
食，然後再步行返回天津。也就是說，「這些人往返遠遠超過從波士頓到
紐約的距離，就是為了 50 分白銀和幾頓飯。」

這些人已經符合美國的乞丐標準了，但在晚清社會還算是衣食溫飽的
普通人。真正的中國乞丐，情形糟糕透了。何天爵遇到過許多乞丐 —— 因
為北京的四九城到處有他們的身影，圍堵洋人乞討。何天爵總結出了一套
經驗：「如果有五十到一百個衣衫襤褸、傷病纏身、難以分辨人樣的乞丐聚
集起來，圍堵商店或者衙門，那麼最好滿足他們的要求。不然，這些乞丐
是不會散開的，即使你叫警察來也沒用。」一開始，何天爵不勝騷擾，叫來
了順天府的衙役試圖驅趕乞丐，結果一個警察來了以後，輕描淡寫地告訴
他：「他們要什麼就給什麼吧。那都是些小錢。撒了錢，他們就會散開了。」

何天爵認為乞討被中國人預設為一個合法行業。人們對乞討既不干涉，也不制止。原因有二，一是中國人口眾多，生產力低下，所以平均收入極其微薄；二是官府沒有對乞丐的救濟機制。何天爵的分析大致準確，只需兩點小小的修正。生產力低下是根本原因，但因為何天爵看見的是民不聊生的亂世，所以乞丐特別多；而官府也制定了社會保障制度，上到給落魄書生白吃白喝的同鄉會館，下到在荒年救濟災民以免餓死的義倉，只可惜社會保障基礎既薄弱覆蓋面又窄，大批貧弱無依的底層弱者就加入了乞丐的隊伍。

如果勞動生產力不提高，社會保障依然薄弱，乞丐階層就不會完全消失。

千百年來，中國乞丐行業就沒有變化。首先，乞丐有特定的組織。他們從不集體行動，也不兩兩合作。每個乞丐都有自己的地盤，只在認為自己受到威脅的時候，才會召喚其他的乞丐。「事實上，中國的乞丐只要求一兩分錢。但是如果你給錢給得非常爽快，他就會頻繁地要你光顧他的生意。你要讓他在門口等一段時間，再給予施捨，但是絕對不要斷然回絕，更不要羞辱乞丐。不然的話，第二天他會帶著兩三個乞丐纏著你乞討。他的同伴一個比一個齷齪骯髒，邋遢可怕。這時候，沒有半個美元你是打發不了他們的。如果你再拒絕他們，你就會發現自己被至少一百個以上的乞丐團團包圍住。這時候，你要花上百美元來滿足這些人的要求，而不是一開始的一兩分錢了」。

大一點的城市中的多數商人和店主都向丐幫繳納固定的「月貢」。繳錢後，丐幫會在這些商家和店鋪的門口畫上特殊的記號。這些記號隱晦難懂，只有乞丐們才能理解具體的意思。每到固定的日子，總會有充當「收稅員」的乞丐來向這些生意人索取這筆不太光明的佣金。其他時候，

丐幫的任何乞丐都不能騷擾這些固定的商家。那些拒絕加入這樣固定安排的商人和店主幾乎不敢拒絕零星乞丐的乞討。經驗告訴他們，得罪了這些乞丐絕沒有好下場。

北京有成群的乞丐。「你到處都能遇到他們，各式各樣，奇形怪狀，真病裝病，難以分辨。他們有男有女，跨越了所有的年齡層」。

據說，丐幫的領袖極少露面，很少有人真正見過他們。何天爵有次拜會了北京丐幫的女首領。「她是一位乾淨整潔、穿著體面、令人肅然起敬的老太太，年紀大概在 65 到 70 歲之間」。雖然這位丐幫的女幫主穿著舉止不像乞丐，而且過著中等偏上的生活，但她終生擺脫不了乞丐的身分。在宋元小說中就有丐幫的形象，幫主因為出身是乞丐，雖然富甲一方依然給子女的婚嫁帶來消極的影響。

乞丐行業的蓬勃發展讓許多人將乞討當成職業，形成了乞丐家族。他們從小就開始接受家族訓練。同時不斷有新人加入乞丐隊伍，希望渾水摸魚。於是乞丐被區分為「職業乞丐」和「業餘乞丐」。職業乞丐們有組織、有訓練，把城市劃分為不同的乞討區域，利益休戚與共，禁止其他乞丐進入領地。職業乞丐的生活較好。業餘乞丐沒有組織也沒有地盤，許多人遭遇真正的不幸不得不沿街乞討。業餘乞丐往往不固定地在城市和鄉村的角落遊蕩。所以職業乞丐將業餘乞丐當作是不守規矩的害群之馬。

何天爵曾認為自己是區別職業乞丐和業餘乞丐的行家，認為職業乞丐個個都是弄虛作假的行家，不是裝病，就是偽裝殘疾博取同情。但他還是多次被化妝巧妙的乞丐騙了。

何天爵有每天散步的習慣，散步的時候常常被一個抱著一個孩子又牽著一個孩子的年輕女乞丐糾纏。那女的老是跟著何天爵乞討，以最大的音量粗俗地大喊大叫並比劃著，證明是個又聾又啞的殘疾人。那兩

個孩子則用尖細的童聲哀求說：「可憐可憐我，給點錢吧……可憐可憐我，給點錢吧……」憑直覺，何天爵懷疑那女的並不是殘疾人，她的雙耳和嘴巴都是正常的。為了驗證懷疑，某天當女乞丐又尾隨何天爵高聲哭叫，這一次比以前騷擾得更過分，還招來了一大群的人圍觀，何天爵猛然回頭，高聲對著她說了幾句不太得體的話。他想，如果女乞丐有正常的聽力，她就會生氣。結果，女乞丐立即用流利、標準的中文回敬何天爵。圍觀的人群爆發出了一片笑聲。女乞丐突然意識到自己戳穿了自己，趕緊溜走了。之後，何天爵和那女乞丐還常常在路上遇到。她總是既友善又不太好意思地向何天爵招呼示意，但是再也不向他乞討了。

真正騙到何天爵的是一個「可憐兮兮、悲慘異常」的老乞丐。那是個老年乞丐，每天都坐在路邊，在寒風中瑟瑟發抖。他身上只蓋著幾片破布，兩只腳完全暴露在外面。難以辨認的腳正在腐爛，化膿，那種令人作嘔的景象沒有一個人願意看上第二眼。

突然有一天，何天爵遇到了這個老乞丐，看到他快步向家裡走去。何天爵小跑著追上他，並沒有發現那兩隻僵硬的、皮開肉綻的腳。

他們走著。何天爵問他：「你的腳壞了，怎麼還能走得這麼快啊？」

「噢，」他回答說，「它們就在我懷裡呢。穿著它們回家，會把它們弄壞的。」

他絲毫沒有猶豫和羞愧，把手伸進懷裡，拿出一對塞滿了棉花的、偽裝得腫脹變形的襪子。襪子是用帆布做成的，染上雙腳的顏色，裝上脫落的指甲和腐爛的肉，令人作嘔的效果就出來了。這雙「腳」在強光下難以輕易識破，欺騙了別人好多次。

感覺被騙後，何天爵生氣地指責他：「我認為，像您這樣的老人家這樣欺騙大家，應該為此覺得差恥。難道你找不到工作做，還是因為您太懶了不願意養活自己？」

　　這個老乞丐感到很矛盾，一方面他似乎覺得自己的騙術很高超，有點得意，另一方面又嚮往正當的職業，「其實，我是個修鞋的。我也不想做乞丐這個行業了。再說，我的這雙假腳太出名了，漸漸不靈了，博取不了多少同情。整天坐在地上，叫喚『求求你，行行好吧』不是一件輕鬆的事。我老了，我想重操舊業，重新去修鞋。」

　　一兩天後，老乞丐帶著全套工具和凳子來找何天爵，希望在美國公使館外面的街角擺攤修鞋。何天爵同意了。他就在那個角落裡修了近十年鞋，直到死去。

　　老鞋匠死後，他的兒子來找何天爵，要求何天爵出錢資助老鞋匠的葬禮。何天爵認為這是匪夷所思的事情。但在中國社會中，這個細節透露了可能解決乞丐問題的兩大理論。第一是慈善的力量，官府或者有能力的人為乞丐群體提供幫助，幫助他們轉換職業。比如何天爵同意老乞丐在美國公使館門前擺攤修鞋。美國傳教士出身的何天爵也許覺得這只是一個舉手之勞。但對於老乞丐來說，他獲得了擺攤的位置，而且攤位背後何天爵和美國公使館的大招牌可以庇護他，使他免除很多麻煩。老鞋匠死後，他的兒子繼承了他的攤位和手藝，沒有子承父業做職業乞丐。第二是人情的力量。進進出出了十年，在中國人看來，老鞋匠和何天爵就算不是朋友也是熟人了。何天爵或者美國公使館為老鞋匠的葬禮出資，是天經地義的事情。人人互相幫忙，可以克服一己之力難以應對的困難，彌補社會保障的不足。中國古代百姓生活普遍貧困，之所以很少出現大規模的乞丐流民現象，主要因為大家在低水準的生活條件下互幫互助。

　　在社會財富沒有取得突飛猛進的發展，社會保障制度一時難以健全的情況下，這兩種力量也許是幫助乞丐群體最可靠最有力的力量。

第三篇
最貴是人心

　　世界上什麼最寶貴？不是金錢，也不是地位，而是我們的心靈和由
心靈衍生的情感。只有心靈才能忠實地伴隨我們終身。而心靈在艱難的
社會中飄浮不定，歷經坎坷，很容易遭到忽視。我們的心靈是怎麼變化
的，為什麼這麼變化，又遭遇了怎樣的挫折？我們的思想觀念又是如何
演變成現在這樣的？本篇的一個個案子雖然負面消極甚至血腥，但折射
著人的心靈和思想觀念的演進。

金絲雀原則：
宋江殺閻婆惜案分析

北宋徽宗年間，山東鄆城縣的押司宋江是一個黑白兩道通吃的厲害角色。

宋江身子很矮，而且皮膚很黑，三十幾歲看起來像四十歲，可是他很會說話辦事，人脈很廣，而且仗義疏財，彷彿有慷慨不盡的金銀，所以黑白兩道都買他的帳。官府中人恭敬地稱呼他為宋押司；黑道中人稱呼他是「及時雨」，形容他濟危救難、有求必應。這麼一個角色，在鄆城呼風喚雨的人物，卻捲進了一樁桃色殺人事件，身敗名裂。宋將把情婦閻婆惜給殺了，製造了一樁驚天大案。

我們從宋江將閻婆惜收為情婦說起。這件事情可以算是宋江無數次行善中的一次。

閻婆惜十八歲，很漂亮，會唱歌。她跟著父母「來山東投奔一個官人不著，流落在此鄆城縣。不想這裡的人，不喜風流宴樂。因此不能過活。在這縣後一個僻淨巷內權住」。屋漏偏逢連陰雨，閻家的父親暴病身亡，閻婆惜和母親棺材都買不起，更不用說安葬了。

仗義疏財的宋江在街上聽到了這件事情，就出手相助，給棺材鋪打了招呼，讓閻家母親去拿口棺材，又見閻家母女生活無依，隨手給了

「銀子十兩做使用錢」。對宋江來說，他不是高調的慈善家，也就只是舉手之勞，做點善事而已，很隨便。過後，宋江「自回下處去了」，因此也就淡忘了這件事。閻家母親對宋江感激涕零，用「重生的父母，再長的爹娘」來形容宋江，還說要「做驢做馬，報答押司」。閻家母親知道生活的辛苦，報答宋江恩情是一方面，另一方面是想繼續投靠宋江，為生活討個依靠。怎麼靠呢？閻家母親要把女兒閻婆惜送給年紀可能比自己還大的宋江。宋江起初不同意，經不住閻家母親和媒婆的撮合，勉強同意了。他「討了一所樓房，置辦些家火什物，安頓了閻婆惜娘兒兩個那裡居住」。沒過幾天時間，閻婆惜就過上了滿頭珠翠、遍體金玉的金絲雀生活。閻家母親也滿意了。

宋江為什麼要納閻婆惜，金屋藏嬌呢？他首先是覺得閻家母女可憐，好事做到底，把母女二人的生活都包攬下來，反正也就是多花點錢的事情。其次，宋江家在郊區宋家莊，在城裡有個臨時的窩也不錯。何況閻婆惜還有幾分姿色，年紀又輕，想必對宋江也有幾分誘惑。

要注意的是，宋江僅僅是「收了」閻婆惜，沒有明媒正娶，更沒有把閻婆惜當作自己老婆。是宋江在老家宋家莊已經有老婆了嗎？不是。宋江一直沒有結婚，他豪爽慣了，就是因為不願意受家庭生活的束縛才不結婚的，自然也不會把閻婆媳扶為正妻。好在，閻家母女也沒有那樣的奢望。她們的想法很現實，先生存下去，再好好生活。閻婆惜得到了錦衣玉食的生活。美中不足的是，宋江長得太醜了，讓閻婆媳越來越覺得自己是一朵鮮花插在牛糞上。十八歲的女孩子有許多夢想，而現實的閻婆惜的夢想就更多了，她漸漸地流露出對生活的不滿。

宋江沒有意識到閻婆惜的不滿。他呼朋喚友，又有一大堆工作，他哪裡有多餘的精力照顧閻婆惜細膩的心思啊？也許，宋江覺得根本就沒

有和閻婆媳平等交流的必要。

這時，宋江犯了一個嚴重的錯誤。他把衙門裡的兄弟、後帖書吏張文遠領到西巷閻婆惜家飲酒招待。張文遠生得眉清目秀，齒白唇紅，而且「品竹彈絲，無有不會」，練就了一身討女人歡心的本領。閻婆惜對張文遠一見傾心，張文遠也對閻婆惜有鍾情之意。兩人很快就難捨難分。

張、閻兩人苟且之事成了鄆城縣城公開的祕密，街邊巷口的討論越來越不堪入耳。宋江也聽到了，他畢竟是見過大場面的人。因此覺得沒必要把這種事情鬧大。「又不是我父母匹配的妻室。她若無心戀我，我沒來由惹氣做什麼。我只不上門便了。」反正閻婆惜是自己做好事養的一隻金絲雀，沒什麼感情，現在小鳥要飛了，就由著牠飛吧！所以面對這頂碩大無比的綠帽子，宋江睜一隻眼閉一隻眼，只是不去縣城西巷閻婆惜家而已。宋江在這件事情上處理得很大氣，很豪爽，難怪黑道中人都尊他為老大。

閻家母親可不高興了。宋江不來了，家裡的資金來源就斷了。張文遠雖然常來，但他既沒權又沒名，更要命的是沒錢。閻家母親知道生活的艱辛，認定只有宋江才能保證自己母女的生活，所以好幾次託人帶話給宋江，讓他回「家」。宋江不搭理。

一日晚間，閻家母親乾脆闖進縣衙裡，拉住宋江大叫：「押司，多日使人相請。好貴人難見面。便是小賤人有些言語高低，傷觸了押司，也看得老身薄面，自教訓她與押司陪話。今晚老身有緣得見押司，同走一遭去。」宋江推說晚上還有公務，不便過去。閻家母親就是不放手，說了實話「我娘兒兩個下半世過活，都靠著押司」，求宋江務必回去。宋江心軟了，跟著閻家母親回去了。

閻婆惜聽到家中有人來，以為是心愛的張文遠來了，興高采烈下樓

梯。燈光一照見是宋江，閻婆惜臉色一變，返身再上樓去了。母親不依她，從床上拖起女兒，逼她招待宋江。接著，閻家母親灶前灶後忙開了，又出巷口買些新鮮當季水果、鮮魚嫩雞之類的，最後準備了數盤菜蔬，三隻酒盞上樓。其間，她還趕走了來搗亂的、平日常從宋江處拿散碎銀子的唐牛兒，一心一意要重新把女兒和宋江撮合到一塊。

強扭的瓜不甜，兩個人就隔著桌子，乾坐著。閻家母親便教訓閻婆惜道：「我爺娘手裡從小兒慣了你性兒，別人面上須使不得。」實際上是在給宋江道歉。閻婆惜執迷不悟，回道：「不把盞便怎地我！終不成飛劍來取了我頭？」索性，閻婆惜穿著衣服，躲進被窩裡，背對著宋江睡了。宋江喝了幾杯悶酒，熬到後半夜睡意上來了，也只好靠著閻婆惜躺在床上睡了會兒。到五更，宋江起來，想想昨夜的尷尬，忍了口氣，出門提前上班了。

走到半路，宋江想起來一件事。壞了，我把公文袋落在閻婆惜床上了！那公文袋裡有一封晁蓋的感謝信，感謝宋江通風報信讓他們逃脫了官府追捕。這份私放朝廷重犯的證據如果洩露出去，後果可就嚴重了。

宋江匆匆忙忙趕回臥室，找遍房間沒找到公文袋，心裡認定閻婆惜把它給藏了起來。他厚著臉皮去搖閻婆惜，哀求道：「你看我日前的面，還我招文袋。」閻婆惜果真看過了那證據，先假裝睡覺不理他，後來經不住搖晃，抵賴說沒看到，被宋江指出袋子就在閻婆惜懷裡後，閻婆惜死死抱住，就是不還給宋江。「只見那婆惜柳眉踢豎，杏眼圓睜，說道：『老娘拿是拿了，只是不還你。你使官府的人，便拿我去做賊斷。』」她還大聲嚷嚷「宋江和打劫賊通同」。」

宋江一聽，差點就跪下了：「不要叫！鄰舍聽得。」

閻婆惜見完全掌握了場面的主動，於是提出了醞釀好的三個「交易

條件」。要求宋江依她三件事情就把公文袋還給宋江。辦事談判不怕要價高的對手，就怕無慾無求、不漏絲毫口風的對手。有條件就意味著有鬆動，宋江大喜，忙說：「休說三件事，便是三十件事也依你。」

宋江這話是真心的，他見慣了大場面，對這種「交易」駕輕就熟了，而且他也不想在閻婆惜這條陰溝裡翻了船。

第一個條件是要宋江還她自由身，寫一紙宣告允許她嫁給張文遠。宋江想都沒想就答應了。第二個條件是要宋江把西巷的房子和閻家母女的首飾用具都留給閻婆惜。宋江眼睛眨都沒眨就同意了。閻婆惜說出第三個條件後，宋江卻躊躇了起來。閻婆惜的最後一個條件是：「梁山泊晁蓋送與你的一百兩金子，快把來與我。」

不就是晁蓋送的一百兩黃金嗎？宋江有什麼可猶豫的呢？問題是，宋江豪爽，為善不求報，根本就沒收晁蓋的金子，把那一百兩黃金原封不動地讓信使拿回去了。他拿什麼給閻婆惜啊？有人好奇，宋江這麼一位人物，難道就拿不出一百兩黃金嗎？他還真拿不出來。宋江的確花錢如流水，但他的錢是左手進右手出，一邊拿些灰色收入、接受黑道中人的餽贈，一邊接濟窮困、扶助黑幫弟兄。許多時候，宋江把名字一亮，就靠巨大的聲望把事情解決了，根本不用他買單。說白了，宋江手裡根本就沒積蓄。

即便如此，宋江知道和閻婆惜解釋無益，咬咬牙說：「限我三日，我將家私變賣一百兩金子與你。」

一百兩黃金對閻婆惜來說很重要。它是閻家母女下半輩子的依靠。況且，第一和第二個條件都是閻婆惜事實上已經實現的，只有這一百兩金子才是閻婆惜「額外」的要求。所以，年輕的閻婆惜堅持拒絕宋江「賒帳」。她的道理看起來很簡單，很有道理：這年頭，什麼都可以拖

欠，唯獨給情婦的「青春損失費」不能拖欠！

閻婆惜畢竟年輕，不知道社會的深淺。對於宋江這樣身分的人來說，他既然答應三日內給錢，肯定會支付的。「欠債還錢」是最基本的江湖道義。這一點，宋江從出來「混」的第一天就銘記在心了。閻婆惜最明智的做法是，見好就收，三日內等宋江來送錢。

閻婆惜卻走了最愚蠢的一步：逼債。「婆惜冷笑道：『我這裡一手交錢，一手交貨。你快把來，兩相交割！』」宋江苦苦解釋：「果然不曾有這金子。」閻婆惜進一步逼道：「明朝到公廳上，你也說不曾有這金子。」她也許是想搬出官府來壓宋江。可此時的宋江對「公廳」兩個字正好敏感，加上受到一夜的鳥氣，怒氣衝起，扯開被子就來搶閻婆惜抱著的公文袋。閻婆惜哪裡肯放。宋江捨命地奪，閻婆惜死也不放。搶奪間，宋江看到床上有一把壓衣刀子，便搶在手裡。閻婆惜見宋江搶刀在手，竟然還想進一步喊叫要挾，大叫：「黑三郎殺人也！」正在氣頭上的宋江腦海中頓時出現「殺人」念頭，手起刀落，閻婆惜「那顆頭伶伶仃仃，落在枕頭上」。

凶案就此發生。

分析這件改變《水滸傳》的重大案件，宋江和閻婆惜的畸形關係是血案發生的根源。宋江不該包養情婦。但在一夫多妻合法、士人官場普遍風流的宋代，宋江的這一舉動也不是什麼大錯誤。指責宋江不該包養閻婆惜，就像指責孔子不會用電蚊香殺蚊子一樣，脫離實際。

具體而言，閻婆惜的言行是血案的主要原因。宋江待閻婆惜不薄，閻家母女生活無憂，閻婆惜知道宋江勾結晁蓋強盜集團的祕密後，竟然藉此敲詐宋江。這就是她犯大錯的地方了。宋江能包養你，能在縣裡呼風喚雨，自然有他強於你的地方。閻婆惜卻這麼評價兩人的關係：「我只

道吊桶落在井裡，原來也有井落在吊桶裡。」宋江既然是井，怎麼可能會被閻婆惜這個桶罩住呢？桶要離開井，又要罩住井，怎麼可能呢？說穿了，閻婆惜是宋江養的一隻金絲雀。既然是金絲雀就有做金絲雀的原則：做一隻乖巧的金絲雀，永遠別想著反啄主人。最關鍵的一個字就是：乖。

閻婆惜發現宋江的祕密後，最乖的作法就是假裝沒看見，把公文袋放回原處任由宋江拿走。宋江是何等人，會當什麼事情都沒發生過，說不定還會在心中默念閻婆惜的好。

如果閻婆惜不願意這麼做，那麼當初就不應該住進西巷的鳥籠裡來。

自由的愛情：
潘金蓮的三段感情

　　北宋徽宗年間，山東清河縣的一個大戶人家有個使女，小名喚做潘金蓮。潘金蓮的出身很苦，父母無考，如果潘金蓮能平平安安地在大戶人家裡當一輩子下人，沿著「使喚丫頭、高級婢女、老媽子」的路線發展下去，她的命運會比父母好許多。遺憾的是，潘金蓮竟然姿色出眾、貌美如花。

　　潘金蓮怎麼個漂亮法呢？《水滸傳》說她是：「眉似初春柳葉，常含著雨恨雲愁；臉如三月桃花，暗藏著風情月意。纖腰裊娜，拘束的燕懶鶯慵；檀口輕盈，勾引得蜂狂蝶亂。玉貌妖嬈花解語，芳容窈窕玉生香。」

　　施耐庵老夫子寫的潘金蓮美是美，怎麼讀起來總感覺有點「招蜂引蝶」的風情味，例如「暗藏著風情月意」、「勾引得蜂狂蝶亂」等。實際上，施老夫子這麼寫是主觀臆斷，潘金蓮並非水性楊花之人。當大戶主人貪戀潘金蓮的美色，纏著她，當大戶主人貪戀潘金蓮的美色，纏著她，威逼利誘她的時候，潘金蓮並沒有半推半就，也沒有忍辱負重地屈從，而是剛烈地把這件事情告訴了家裡的女主人。她表示絕不依從主人的玩弄。想必這個大戶是個怕老婆的人，因為這事被老婆訓得服服帖

帖。老婆讓他趕緊把潘金蓮嫁出去，他記恨於心，找了在縣裡賣燒餅的武大，倒賠上嫁妝，不要武大一文錢，將潘金蓮嫁入了武家。大戶選擇武大，就是為了懲罰不上鉤的潘金蓮。因為這個武大郎，身不滿五尺，頂著個大腦袋，面目醜陋，形象滑稽可笑。清河縣給短矮的武大起了個綽號「三寸丁谷樹皮」。大戶想，你潘金蓮不願意和我好，我就讓你鮮花插在牛糞上，讓你噁心一輩子。

潘金蓮必須接受這段指定的婚姻，她沒有其他選擇。

如果潘金蓮和武大平平安安地過一輩子，那麼這將是一段很傳統、很符合儒家道德標準的婚姻，是北宋社會給潘金蓮最好的命運。潘金蓮會老死，成為族譜上的「武潘氏」。關鍵就看潘金蓮願意不願意沿著這條社會允許的正常道路生活下去了。潘金蓮覺得這段婚姻有兩個不足。首先就是武大太懦弱了，賺不到錢以外還常被人欺負。一群小人常常在武家門口叫喊：「好一塊羊肉，倒落在狗口裡！」武大後來在清河縣住不下去了，搬到陽谷縣紫石街租房居住，每日仍舊賣燒餅。其次，結婚多年後他們都沒有愛情的結晶：孩子。其中的責任在武大，而不是潘金蓮。武大在生理上滿足不了潘金蓮。社會不允許潘金蓮把生理上的不滿足表現出來，但潘金蓮在心裡無法釋懷。

當第一段婚姻的不如意在心中逐漸累積的時候，潘金蓮遇到了武大的弟弟武松。

與哥哥不同的是，「武松身長八尺，一貌堂堂，渾身上下，有千百斤氣力」。武松因為赤手打死了景陽岡上的老虎，名揚全縣，還做了縣衙裡的都頭，在潘金蓮眼中就是數一數二的大人物。當潘金蓮第一眼看見武松的時候，就在心裡尋思道：「我嫁得這等一個，也不枉了為人一世！說他又未曾婚娶，何不叫他搬來我家裡住？不想這段因緣，卻在這裡！」

於是，她讓武松搬到家裡來住，好發展感情。不論武松歸遲歸早，潘金蓮都「頓羹頓飯，歡天喜地服侍武松」。但武松只把潘金蓮當做親嫂嫂相待。武松知道嫂子的心思，只是低著頭，不去理會。

潘金蓮的第二段感情一開始就是畸形的，非法的，不會有好結果。然而，潘金蓮不死心，她對愛情和理想非常認真。在一個下雪的日子，潘金蓮決定攤牌。這一天，武大出去賣燒餅了，武松中午就回來了。潘金蓮買下了酒肉，在家裡準備了一盆炭火，心裡想著：「我今日著實撩鬥他一撩鬥，不信他不動情。」看到武松的影子，潘金蓮揭起簾子，笑臉相迎。等武松坐定後，潘金蓮關上家門，把酒、果品、菜蔬搬到武松房裡去。武松有些詫異，禁不住潘金蓮熱情相勸，只得坐下飲酒。潘金蓮挑逗說：「我聽得一個閒人說道：叔叔在東街上養了一個唱歌的，是不是真的啊？」武松趕緊說：「嫂嫂休聽外人胡說，武二從來不是這等人。」潘金蓮說：「我不信，只怕叔叔口頭不似心頭。」這樣邊說邊飲，武松知道了潘金蓮的意思，只好低頭不語。潘金蓮決定為幸福一搏，「起身去燙酒，暖了一注子酒來到房裡，一隻手拿著注子，一隻手便去武鬆肩胛上只一捏，說道：『叔叔，只穿這些衣裳不冷？』」武松心中不快，不理他。潘金蓮進一步說：「叔叔，你不會簇火，我與你撥火，只要一似火盆常熱便好。」武松還是不做聲。潘金蓮只好自己倒了一盞酒，喝了一口，剩了大半盞遞給武松：「你若有心，吃我這半盞兒殘酒。」

武松被激怒了，說道：「嫂嫂休要恁地不識羞恥！」他推開潘金蓮，險些讓她跌了一跤。「武二是個頂天立地、嚙齒戴發男子漢，不是那等敗壞風俗、沒人倫的豬狗，嫂嫂休要這般不識廉恥，為此等的勾當。」武松不僅拒絕，還警告潘金蓮，「倘有些風吹草動，武二眼裡認的是嫂嫂，拳頭卻不認的是嫂嫂！再來休要恁地！」

　　潘金蓮的第二段感情就這麼無疾而終了。她通紅了臉，收拾了杯盤盞碟，搬了火爐，默默回廚房去了。

　　這次失敗讓潘金蓮付出了沉重的代價。武家的家庭關係徹底破裂了，武松毅然搬到衙門去住，還時時警告嫂子要照顧好哥哥，要守婦道。潘金蓮曾罵：「你搬了去，倒謝天地，且得冤家離眼前。」這話很有阿Q的味道，也道出了她對第二段感情的失意和惱怒。第二段感情給命運蹉跎的潘金蓮巨大的打擊。她和武大的不幸婚姻是被動的，自己掌握不了，只得接受；而和武松的感情卻是主動的，自己積極爭取的。主動出擊遭到的當頭一棍遠比被動承受的耳光給潘金蓮的打擊還要嚴重

　　不久，武松要去京城出公差，到家裡告別，也最後一次警告潘金蓮：「嫂嫂是個精細的人，不必用武松多說。我哥哥為人質樸，全靠嫂嫂做主看覷他。」他用了五個字「籬牢犬不入」。想不到，武松走後，他的擔心不幸來到了。

　　一天，潘金蓮在二樓，手裡的東西沒拿牢，失手滑落，正好打在樓下一個路人的頭上。那人剛要發怒，抬頭看到潘金蓮後，「一雙眼卻只在這婦人身上，臨動身，也回了七八遍頭」。這個人叫西門慶，「近來暴發跡，專在縣裡管些公事，與人放刁把濫，說事過錢，排陷官吏。因此，滿縣人都饒讓他些個。」更吸引潘金蓮的是，西門慶長得一表人才，文武雙全，而且極懂人情世故，很討女人喜歡。

　　潘金蓮的第三段感情就這麼發生了。這也是潘金蓮主動追求的另一段感情。見識不多的潘金蓮以為找到了一個如意郎君。可惜，西門慶是花花公子，他拜託武家的鄰居王婆協助自己將潘金蓮勾引到手。王婆藉口做針線活，將潘金蓮騙到家中。潘金蓮在王婆家見到了風度翩翩的西門慶。西門慶先誇武大是「一個養家經紀人，且是在街上做些買賣，大

大小小，不曾惡了一個人；又會賺錢，又且好性格，真個難得這等人」，勾起潘金蓮的傷心事。她說：「拙夫是無用之人，官人休要笑話。」王婆趁機誇西門慶：「萬萬貫錢財，開著個生藥鋪在縣前。家裡錢過北，米爛陳倉；赤的是金，白的是銀，圓的是珠，光的是寶。也有犀牛頭上角，亦有大象口中牙。」說話間，西門慶和潘金蓮眉目送情。王婆出去置辦酒食，留兩人吃飯，潘金蓮口裡推辭，卻不動身告辭。「西門慶這廝一雙眼只看著那婦人；這婆娘一雙眼也把來偷睃西門慶，見了這表人物，心中倒有五七分意了，又低著頭自做生活。」對於潘金蓮這樣追求美滿婚姻的女人，財富顯然是不夠的，西門慶必須在感情上俘獲潘金蓮。於是，他坦白了自己「不幸」的感情經歷。「我的髮妻陪著我吃了許多苦，百伶百俐，不幸在三年前死了。她走後，家裡的事都七顛八倒，我感覺什麼事都不方便。」王婆就問：「大官人，你不是養了個外宅在東街上嗎？」西門慶道：「那是唱曲兒的張惜惜。我和她不是同路人，不喜歡。」王婆子又說：「大官人和李嬌嬌相處怎麼樣？」西門慶說：「這個人，我娶在家裡。如果她會當家操持，我早就扶她做正妻了。我只恨緣分薄，一直沒遇到可以廝守終身的人。」這番表白讓潘金蓮「於我心有戚戚焉」，確信找到了一段如意姻緣。不需要太多的酒水，也不需要太多言來語去，兩個有意的男女很快就摟抱起……從此，潘金蓮和西門慶都在王婆家廝混，恩情似漆，心意如膠。

不到半個月，潘金蓮的姦情傳得街坊鄰舍都知道了，只瞞著武大一個人。沒幾天，武大也從賣梨的鄆哥那裡知道了。他們設計，由鄆哥拖住王婆，武大衝進去捉姦。王婆被鄆哥死命頂住，只好大叫：「武大來也！」屋裡的潘金蓮和西門慶躲避不及。西門慶躲入床底下，潘金蓮則去堵住房門。武大推不開房門，叫得：「你們做的好事！」潘金蓮不滿地

罵西門慶:「平時滿是甜言蜜語,急上場時就沒用了,見到紙老虎也被嚇倒了。」西門慶在床底下聽了,羞愧地鑽出來說:「不是我沒本事,一時間沒這智量。」西門慶奪門而出,武大不提防被他飛起一腳踢中心窩,往後倒下。西門慶逃跑後,王婆扶起武大,見他已經口吐鮮血。

武大的命去了半條。可惜,他們第二天依然在王婆家恩愛廝混。兩個人都指望武大早死,可憐武大大病不起,每日叫潘金蓮都不應,只見老婆濃妝豔抹地出去。武大幾次氣得發昏,最後警告老婆:「我親手將你捉姦在床,你挑撥姦夫踢了我心,使我求生不能求死不得,你們卻自去快活!我死不妨,我的兄弟武二,早晚會歸來,他肯罷休?你若可憐我,服侍我好了,他歸來時,我就不提。你若對我不好,我就把你的醜事全告訴他!」丈夫的警告驚醒了潘金蓮。怎麼對付神勇的武松呢?王婆給西門慶、潘金蓮出了主意,趁武大病重,下砒霜毒死他,再「一把火燒得乾乾淨淨的,沒了蹤跡,便是武二回來,待敢怎地?」

一個殺人計畫就此成形,西門慶出了一包砒霜,王婆出主意:潘金蓮把砒霜調在藥裡,給武大灌下去,武大藥發時會大叫,潘金蓮用被子矇住武大免得被人聽到,武大會毒發身亡。

潘金蓮先假裝回心轉意,告訴武大找醫生開了一帖藥,吃了發些汗明日便會有起色。潘金蓮把毒藥調勻了,左手扶起武大,右手把藥便灌。武大吃了一口說:「這藥好難吃!」潘金蓮繼續灌,下完藥,潘金蓮放倒武大,慌忙跳下床來。武大大叫肚子疼,潘金蓮扯過被子蓋在武大頭上,武大掙扎著大叫:「我氣悶。」潘金蓮還騙他:「太醫分付,教我與你發些汗,便好得快。」待沒有了聲響,潘金蓮才怯生生地掀起被來,見到七竅流血而死、死不瞑目、還咬牙切齒的武大。

一樁謀殺案就此發生。潘金蓮從一個不幸的感情受害者變成了殺人犯。

　　血淋淋的事實完全超乎潘金蓮預想之外。她沒想到，追求自由、幸福的愛情需要付出這麼慘重的代價。潘金蓮嚇得跳下床，不知道如何是好。最後還是在隔壁王婆的幫助下，兩人清洗了武大的血跡，把現場收拾乾淨。第二天，潘金蓮嚎啕大哭起來，說武大病死了。

　　天色未曉，西門慶跑來打探消息。驚魂未定的潘金蓮天真地拉著西門慶說道：「武大今日已死，我只靠著你做主。」現在西門慶是她唯一的依靠，是心甘情願犯下所有罪惡的目的，可西門慶只是應付道：「這個何須得你說。」諷刺的是，西門慶看事情似乎掩蓋過去了，潘金蓮又要在家守孝，就跑去妓院喝花酒了。潘金蓮將後半生的幸福寄託在這樣的浪蕩子弟身上，即使殺夫一事掩蓋過去了，也注定是被拋棄的悽慘結局。

　　更何況武大的死是掩蓋不了的。武松出差回來了，從負責火葬的何九叔處拿到了哥哥烏黑的毒骨頭，手刃了西門慶和潘金蓮。他的舉動被視為「義舉」，而西門慶和潘金蓮自然就是「姦夫淫婦」了。

　　身為生活在北宋的婦女，潘金蓮的一生是個悲劇。她渴望幸福的婚姻，卻離美滿的結局越來越遠，直至被釘在屈辱的十字架上。

鴕鳥心態：
蔡桓公諱疾忌醫而死案

　　如果有一個人冷不防對你說「你有病」，人的第一反應就是「什麼，我有病？我看你才有病呢！」

　　兩千多年前的春秋時期，蔡國的蔡桓公就遇到了這樣的尷尬事。他正在宮殿裡坐得好好的，來訪的齊國醫生扁鵲在一邊觀察了一會兒，就跑到蔡桓公跟前說：「主君，你有病。」

　　不等蔡桓公反應過來，扁鵲就繼續說：「你的病現在還在皮膚表面，但不及時治療，恐怕會深入體內。」蔡桓公趕緊搖頭說：「我沒有病。」

　　他沒有感覺到身體不適，而且覺得在大庭廣眾之下、在臣屬奴僕面前被醫生指責有病，是沒面子的事。見蔡桓公矢口否認，扁鵲也不計較，告辭了。蔡桓公看著扁鵲的背影，還對左右說：「醫生就喜歡給沒病的人看病，好顯擺醫術，顯示自己多麼未卜先知。」

　　過了十天，蔡桓公第二次被扁鵲指出有病。這次，扁鵲說：「你的病已在肌膚裡了，如果不治恐怕會深入體內。」蔡桓公仍舊沒理他。他感到身體有點不舒服，似乎是身體出問題了，不過他的心裡更不舒服。

　　又過了十天，扁鵲第三次指出蔡桓公有病：「你的病已經蔓延到腸胃了，再不治恐怕就危險了。」蔡桓公這幾天的胃口的確不好，覺得也許是

得病了，可內心拒絕接受。他毅然決然地不理扁鵲，堅持說「我沒病」。

再過了十天，蔡桓公出巡時撞到了扁鵲。蔡桓公感到身體難受，又說不出哪裡難受，正想找扁鵲問問。不想，扁鵲望見蔡桓公就避開了。蔡桓公派人去問他為什麼要迴避。扁鵲說：「病在皮膚表面的時候，可以用湯劑和熨敷治癒；深入肌膚的時候，可以用銀針和石針治療；蔓延到腸胃的時候，用火齊湯還可以治療；等病入骨髓的時候，就只能讓鬼神出面治療了，我就無能為力了。現在桓公病入膏肓了，所以我一見面就趕緊跑開，實在是怕被叫去救治。」蔡桓公聽了，心理很排斥，依然置之不理。

五天後，身體的疼痛終於讓蔡桓公忍受不了了。他趕緊派人去找扁鵲，不料扁鵲已經逃往秦國去了。結果蔡桓公馬上一命嗚呼了。

蔡桓公的死相當程度上是咎由自取，他的病在體內蔓延深入了一個多月時間，最後要了他的命。健康的成年人不可能對這麼嚴重的病毫無感覺，蔡桓公明知有病，神醫就在眼前，也不去醫治。他心理排斥自己病情越來越嚴重的現實，放任病情惡化，直到臨終之際才想到找醫生看病。可惜晚了。

卻說扁鵲來到秦國，也遭遇了同樣諱疾忌醫的主兒。

秦武王生病了，所以就把扁鵲請去看病。之前左右大臣曾對秦武王說：「國君的病在耳朵之前，眼睛下面。醫生去摘除它，不一定能手術成功，反而有讓耳朵失聰眼睛失明的危險。」所以秦武王心裡既想治病，又擔心有危險，把大臣們的話告訴了扁鵲，意思是讓扁鵲找個輕鬆的治療方法。但是他的病肯定有危險，不摘除就有生命危險，要摘除秦武王又不讓。扁鵲憤怒地把針石摔在地上：「君王和精通醫術的人商量治病，又和不懂醫術的人商量治病，干擾治療，透過這點就可以知道秦國的內

政，也一定是瞻前顧後，隨時有亡國的危險。」（君與知之者謀之，而與不知者敗之，使此知秦國之政也，則君一舉而亡國矣！）

秦武王表面上是想治病的，並沒有諱疾忌醫。但是他想治病不想吃苦，也不想冒險，更不願意讓扁鵲用針石動大手術，而是聽信外行人的意見干擾醫生治療。

蔡桓公這樣的例子也許不多，但秦武王這種隱蔽的諱疾忌醫者不在少數。我們會發現許多人平時得過且過，危難時自欺欺人，不願意正視現實，更不可能奮發進取。問題沒有爆發的時候，一切都表現得好好的；一旦遇到什麼問題，隱藏在虛假平安之下的問題都湧現了出來，讓我們付出巨大的代價。

最典型的歷史教訓就是明清時期的中國社會，已經在保守僵化的制度下虛弱不堪，中西方實力對比的天平早就傾斜向西方列強了。可中國社會還沉迷於「天朝上國」的幻夢中，大江南北保持一片和睦的平靜景象，菁英階層飲酒做詩、攜伴出遊，朝堂之上朝臣們黨同伐異，遍行沽名釣譽之舉。當英國人的大砲轟破中國社會的美夢之後，被歷史大勢越拋越遠的危險真真切切地擺在了面前。絕大多數中國人仍舊躲藏在泱泱大國的虛榮中，指斥西方文明是「奇技淫巧」。晚清外交家曾紀澤將晚清那些崇尚清談流譽的士大夫分為上中下三等：「上焉者，硜硜自守之士。除高頭講章外，不知人世更有何書。井田學校必欲遵行，秦漢以來遂無政事。此泥古者流，其識不足，其心無他，上也。中焉者，好名之士。……或陳一說，或奏一疏，聊以自附於腐儒之科，博持正之聲而已，次也。下焉者，視洋務為終南捷徑，鑽營不得，則從而詆毀之。以娟嫉之心，發為刻毒之詞，此其下矣。」自己不願意正視現實還不讓清醒者、奮發努力者正視現實，打壓後者。吳淞建造了幾十公里長的鐵路，

被士大夫和地主們花錢買下，拆了；郭嵩濤出使英國，揭開中國近代外交序幕，被國內指責崇洋媚外、有傷風化，召回閒置不用。結果，中國陷入「遭受打擊、屈辱妥協、再受打擊」的惡性循環，在黑暗落後的深淵中越陷越深。其中多少有咎由自取的蔡桓公的影子。

歷史上這樣的情況層出不窮。北宋末年，女真族的金國不斷崛起，開始取代契丹人的遼國成為北宋最大的威脅。大太監童貫率宋軍和金軍聯合進攻遼國，宋軍一敗再敗，最終只能靠金軍「代為」收復燕雲十六州。北宋王朝用高價買回了幽州，大吹大擂，慶祝偉大的勝利，慶祝王朝「中興」，不知道金軍正磨刀霍霍準備進軍中原。宋徽宗和童貫等當權者不可能不知道金軍的強大戰鬥力和貪婪本性，可就是不備戰。因為童貫不願意相信威脅就在眼前，他還要享受手邊的榮華富貴呢；因為宋徽宗是個藝術家，正忙著堆假山，玩石頭，畫畫寫字呢！

南宋末年，蒙古鐵騎橫掃了歐亞大陸之後將進攻的刀鋒伸向南宋，南宋軍隊望風而逃。當時的南宋宰相賈似道暗中許諾忽必烈割地賠款，屈膝稱臣，糊弄蒙古人撤退後就以為萬事大吉了。此後南宋沉浸在魚米富庶的臨安城裡，毫無備戰意識，只知道享受繁華，百姓都沒意識到危險的存在。結果，蒙古人再次發動攻擊，不到兩年就滅亡了南宋王朝。

南唐後主李煜的情況更典型。一個終日吟唱「春花秋月」卻不理朝政的藝術天才、政治白癡和一個「商女不知亡國恨、隔江猶唱後庭花」的社會，等宋朝軍隊兵臨城下時只好投降了。李煜被囚禁的時候，天天哀嘆「問君能有幾多愁，恰似一江春水向東流」，知道有今日又何必當初呢？

這些案例可以視之為中國歷史上的「鴕鳥政策」，每到王朝末期表示更加明顯。什麼是「鴕鳥政策」？西元 1891 年英國《樸爾摩爾新聞》首

創了「鴕鳥政策」一詞，說：「鴕鳥遇到危急，把頭鑽到沙堆裡，以為就
會平安無事。」「鴕鳥政策」被各國、採用，諷刺那些不願正視現實、自
欺欺人的人和事。許多人就是奉行該項政策的「鴕鳥」，明明飛不了，明
明出現了危險，就是不採取積極措施，任由危險加劇、悲劇發生。除此
之外，我們還應該注意到，作為世界上最大的鳥，庸碌懶散的鴕鳥竟然
將飛行能力退化了。「鴕鳥，你是鳥啊，怎麼能甘心一輩子在荒漠中奔
逃，不去天空中翱翔呢」？鴕鳥就是太消極面對外界，慵懶無為一生，久
而久之連鳥類基本技能都喪失了，更不用說臨危反抗了。我們可以將鴕
鳥的這種心態稱為「鴕鳥心態」。

代價與偏執：
漢武帝深陷方士案的心理分析

　　古代帝王有許多異想天開的行為，其中就包括熱衷於追求「長生不死」之藥。

　　漢武帝是追求長生不老的帝王中最「出類拔萃」的一位。《史記·武帝本紀》中有一半的篇幅在講漢武帝如何寵信方士，如何勞師動眾追求仙藥。

　　漢武帝即位不久，就從長安大老遠跑到泰山去登頂，試圖與神仙親密接觸。但他真正大規模接觸道士方術，是在寵妃王夫人去世之後。王夫人的死，讓年紀尚輕的漢武帝意識到了一個很嚴重的問題：原來死亡這麼可怕。就在漢武帝日夜思念王夫人，感嘆陰陽相隔、人鬼殊途的時候，方士少翁適時地出現了。他宣稱能夠在夜裡以方術讓王夫人現身，漢武帝可以在帷中與她相會。這場人鬼相見的戲最終因為漢武帝心急，走出了帷帳而沒有圓滿結束，但漢武帝畢竟看到了王夫人楚楚動人的影子（極可能是方士用的煙幕等道具加上自身思念過度讓漢武帝產生的幻覺）。少翁能夠讓人鬼相見的本領讓漢武帝看到了打破生死界線的一線希望，很快就被封為「文成將軍」。可不久，文成將軍就被證實僅僅是一個行騙的江湖郎中而已。他寫了一封稱讚漢武帝的帛書塞到一頭牛的肚子

裡，宣稱「此牛腹中有奇書」，想吸引漢武帝，結果自作聰明，反誤了性命。漢武帝不是傻瓜，一下子就認出所謂的「天書」出自少翁。於是，少翁的腦袋搬家了。

少翁陣亡了沒關係，重要的是漢武帝對打破生死界線的渴望依然強烈。

另一個方士欒大來找漢武帝，不說自己是神仙，而是很「謙虛」地說自己是神仙（古代仙人安期、羨門）的學生，現在學成歸來，別的本事沒有，但充當皇上與神仙之間的信使的能力是綽綽有餘的，找到神仙有什麼用呢？欒大說有三大好處：「黃金可成，而河決可塞，不死之藥可得。」當時漢武帝正在為治理全國各地的水患，東堵西疏，又缺錢，非常煩惱，能夠拿到黃金，同時協助治理河流，當然好了。但真正吸引漢武帝的還是第三點！見漢武帝動心後，欒大又說了，如果要派人去找神仙就要「貴其使者令為親屬」，漢武帝很爽快地拜欒大為「五利將軍」，封為樂通侯，還把自己的長公主嫁給他。如此，自稱沒本事的欒大變得富貴了，開始入海找他的神仙師傅去了。欒大在東海轉了一圈，又去泰山爬了一圈，沒找到神仙，編了個理由就回來了。

欒大和少翁一樣，都低估了漢武帝。漢武帝委託你負責「求仙」怎麼可能不在你身邊安插一些耳目呢？果然，那些耳目將欒大在東海和泰山的情況反映給漢武帝，一下就戳穿了欒大的謊話。欒大根本就沒有通神的本事，雖然這位五利將軍樂通侯是自己的女婿，漢武帝照樣讓他腦袋搬家，去陰間找師傅去了。

經歷了兩次騙局，做了許多白費功夫的事後，漢武帝應該會理性對待那些術士的說辭，思考長生不老的問題了。可惜，他選擇了在求仙求長生不老這一條路上繼續堅持下去。

　　西漢元鼎四年（西元前 113 年），山西汾陰挖出了一隻古鼎，這原本是一件普通的考古挖掘事件，就算這只古鼎是黃帝和炎帝兩位老人家用過的，那也只能說明本次挖掘取得了重要成就而已。可有個公孫卿對漢武帝說：「從前黃帝採首山之銅，鑄鼎於荊山之下。鼎成，龍來迎黃帝。黃帝騎龍昇天，群臣及後宮隨之上天者七十餘人。」漢武帝一聽，原來這鼎有如此作用啊，不僅能召喚神龍，而且能讓帝王昇天。於是漢武帝說了一句，我要像黃帝一樣昇天，才不管妻子兒女呢！（原文是：「嗟乎！吾誠得如黃帝，吾視去妻子如脫屣耳。」）說完，漢武帝任命公孫卿為郎官，負責去嵩山太室山等候迎接自己昇天的神仙下降。

　　公孫卿走了，漢武帝開始做長生不老的白日夢。

　　然而公孫卿沒帶來神仙，只說見到了「仙人跡」（神仙的腳印）。漢武帝大失所望，親自跑去檢視後果然有幾個大腳印。他半信半疑地威脅公孫卿：「難道你想效法少翁、欒大嗎？」公孫卿撒起謊，說：「皇上，現在不是神仙有求於您，急著來見您，而是您有求於神仙。您也看到了，神仙的腳印這麼大，但是凡間的道路這麼小，神仙怎麼來呢？」漢武帝覺得有道理，下令全國郡縣都修整道路，繕治宮觀及名山祠所，迎接神仙的到來。

　　三年後的元封元年（西元前 1 10 年），漢武帝東巡海上，繼續求仙訪神。他一到山東，就被山東各地數以萬計、言神怪奇的上書給淹沒了。漢武帝很快招募了龐大的求仙隊伍，派出數千人乘船出海尋找蓬萊神人。（這得耗費多大的人力物力啊！）除了在東萊山候神的公孫卿聲稱夜裡見到「大人」外，其他人一無所獲。公孫卿「見」到的神仙身長數丈，一旦靠近就消失不見，只留下類似禽獸腳印的大腳印。漢武帝接到報告，不肯相信。大臣們看到漢武帝皺著眉頭的樣子，害怕了，不是

怕漢武帝大開殺戒了，就是怕漢武帝繼續沒完沒了地尋仙求仙，就集體撒謊說，我們看見一個老人牽著一條狗，說他見到了身材巨大的神仙。漢武帝忙問，那他人呢？大臣們說，老人說完就忽然不見了。漢武帝這才相信，神仙真的出現過，大喜，留宿海上一宿後返回。他路上心情很好，爬上泰山封了禪，又大赦天下，向神仙表達自己的誠意。此後方士求仙一事成了一件半制度化的工作，朝廷供給數以千計的江湖郎中在東海繼續這項很有「前途」的科學研究工作。

僅僅六個月後，元封二年（西元前 109 年）的正月，惦記著神仙的漢武帝再次跑去東萊，住了幾個月還是沒見到神仙。他剛回去，公孫卿又聲稱發現了神仙，漢武帝又匆匆趕到東萊，住了幾天，雖然還是只見到了大腳印，但還是很高興地封公孫卿為中大夫。此後，漢武帝多次來往於長安和東海之間，派船隊去尋仙，催問下落。公孫卿每隔幾個月就看到漢武帝在眼前晃來晃去，嚴重干擾了偉大的「科學研究工作」，就勸漢武帝不必跑來跑去的。俗話說心誠則靈，只要皇上心中有神仙，神仙自然會在恰當的時候出現。皇上需要做的，就是多建宮觀樓臺，等候神人降臨。漢武帝又覺得很有道理，開始在全國各地大建宮觀祠壇，多次去名山大川進行祭神活動。近在長安，漢武帝就下令修造了規模宏大的建章宮。之前秦始皇在本地建過阿房宮，可惜被項羽一把火給燒了，沒幾個人看到過。而建章宮的規模是實實在在的，說它「千門萬戶」也不為過。漢武帝還在長安北部開鑿大池，取名太液池，在池中設蓬萊、方丈、瀛洲等代表傳說中的海上仙山的小島。他默唸著「心誠則靈，神仙降臨」，遺憾的是除了給長安留下「名勝古蹟」，在全國各地留下許多文物古蹟外，神靈並沒有下凡來給他長生不老的仙藥。

漢武帝的一生，登高封禪做了，出海求仙做了，亭臺宮觀更是造

了，可除了看到幾個可疑的大腳印外，連神仙的影子也沒見到，他受騙了，自己受到了傷害，國家也跟著他耗費了大量的人力、物力、財力，實在是得不償失。漢武帝卻樂此不疲。從心理上說，每個人都希望長生不老，永遠活在世上。對於貴有四海、享盡人間歡樂的皇帝來說，「萬壽無疆」四個字不僅僅是大臣們的頌詞，更是他們切實的追求。皇帝也是人，有權力更有能力追求長生不老的夢想。因此，任何人都不能批判皇帝追求長生不老。而漢武帝更是個「成功男性」，人長得帥，智商又高，把政治對手打得落荒而逃，順便把匈奴鐵騎打得哭爹喊娘，捲起鋪蓋就往西逃，環顧宇內唯他獨尊了。他什麼都有了，希望再更上一層樓，「還想再活五百年」，也是可以理解的。問題就在於，如果皇帝們透過多做善事、多做運動、注意飲食、睡覺前念幾聲「阿彌陀佛」來祈求永生，無可厚非，但如果像漢武帝這樣勞民傷財，驅動整個國家和天下的百姓來為自己尋找神仙、建造樓宇、採摘草藥，弄得天下不得安寧，怨聲載道，就是皇帝的不對了。不僅不對，還對國家發展大大有害。

當時秦始皇他辛辛苦苦締造的王朝就是因此被百姓推翻的。秦始皇是第一個皇帝，也是第一個尋求長生不老之藥的皇帝。漢武帝做的事情，秦始皇都做過，只不過國力所限，規模沒那麼大而已；漢武帝沒做的，秦始皇也做了，比如派術士徐福率領童男童女去海外求仙。漢武帝之後，道教出現後，皇帝們在秦始皇和漢武帝的做法上增加：煉丹。我們熟悉的唐太宗李世民就因為晚年追求永生，痴迷丹藥，結果吃了長生不老丹後反而提前成為了宗廟裡的牌位。唐朝皇帝煉丹的一大貢獻是發明了火藥。但火藥是不能吃的，更不能配上亂七八糟的草藥一起吃。唐憲宗李純、唐穆宗李恆、唐武宗李炎、唐宣宗李忱等李世民的後裔顯然不知道這一點，也跟祖宗一樣非但沒有永生，提前永垂不朽了。不過要

說起追求長生不老，唐朝的這些皇帝都比不上宋朝的末代皇帝宋徽宗趙佶和明朝嘉靖朱厚熜。前一位皇上崇拜仙道，自封為道宗皇帝，放下國家不管不問；後一位更狠，到處搜尋靈丹妙藥，最後差點被宮女勒死。嘉靖皇帝的孫子萬曆皇帝朱翊鈞更乾脆三十年躲在宮中煉丹求仙，不理朝政，不郊、不廟、不朝、不見、不批、不講。大臣們根本沒見過皇帝，萬曆後期「部寺大僚十缺六七，風憲重地空署數年，六科止存四人，十三道止存五人」。宰相李廷機年老，連續寫了一百二十封辭呈都得不到消息，最後只能不辭而別。

可見，中國帝王有著悠久的追求長生不老的傳統，歷代百姓深受其害。

可是有哪個皇帝長生不老了嗎？沒有。當皇帝最長的乾隆也沒活到一百歲。而且乾隆根本就不相信長生不老，在生命的最後幾年退位了。

人總是要死的，這個世界從來就沒有上帝，也從來就不可能有長生不老的仙藥。智商不低的皇帝們難道不知道嗎？如果說他們一開始相信人能長生不老，那麼多次受騙，付出了幾十年的之後，為什麼還要執迷不悟呢？

皇帝們是深陷其中，不能自拔。漢武帝的例子很典型。他的智商很高，高過來騙他的江湖郎中們，更應該及時省悟才對。可他卻自願在追求長生不老的道路上漸行漸遠。漢武帝識破詭計，怒殺少翁後，隱瞞了真相，放出話說：「文成將軍吃馬肝中毒死了。」之後有方士來，漢武帝怕他們知道少翁被殺的事情，都要解釋少翁的死與自己無關。為什麼？他還需要術士們繼續幫助自己實現長生不老的夢想。

當為夢想付出的成本越來越多，期望的日子越來越長，皇帝們對長生不老的神話就是「為了相信而相信」了。整個國家都被拿來追求長生

不老，就好像一部巨大的機器一旦啟動就不能停止了。自己把大好的光陰都花在追求永生上面了，拜了神、花了錢、殺了人，甚至連女兒也嫁了，怎麼就沒有結果呢？不會的，也許成功就在堅持的最後五分鐘。

美國心理學家研究發現，美國有一個群體對越南戰爭的評價最高，而且贊同戰爭的比例高得離譜。這個群體就是越戰老兵群體。按理說越戰老兵親歷了戰爭的殘酷，目睹了美國的巨額無效付出，為什麼還會稱讚越戰呢？心理學家認為老兵們把最旺盛的精力、最美好的時光和甜蜜的記憶留在了越戰之中，他們真正為越南戰爭付出了青春、汗水、鮮血和戰友的生命，因此內心不由自主地認同戰爭。我們在歷史和現實中也能發現許多類似的例子。我們時常明知許多事情不可為而為之，也時常深陷某段情緒難以自拔。說這種心理是「賭徒心理」也好，說他們偏執也好，總之全力追求永生的古代帝王們也受到了這種心理的左右。巨大的付出讓他們產生了偏執心理。漢武帝為什麼深陷方士欺詐而不願脫身，這是一種合理的心理解釋。

我們回到漢武帝身上。他在生命即將結束的徵和四年（西元前89年）正月，最後一次來到東萊。面對波濤洶湧的大海，年邁的漢武帝選擇了班師回朝。三月，漢武帝終於聽從了大臣田千秋的勸諫，停止求仙活動，罷黜全部方士。他的懺悔，可以看作是對古代帝王追求永生的一個極好總結：

「昔時愚惑，為方士所欺，天下哪有仙人？盡妖妄耳！節食服藥，差可少病而已。」

現實的婚姻：
滿少卿兩次務實的婚姻選擇

　　北宋年間的一個寒冬，陝西鳳翔地區遭遇大雪。雪下了三天三夜都沒有停止。

　　一個落魄書生滯留在鳳翔的一間旅店裡，已經多日沒有支付錢了。老闆的臉色越來越難看，斷了他的一日三餐。那書生真陷入了飢寒交迫、難以為繼的困境。

　　這個書生叫滿生。滿生出生於官宦人家，父親曾位列朝堂，還有一個擔任樞密副使的叔叔。可惜父親早死，又自負，加上不善經營，將家底敗光，年近而立之年了依然一人。

　　滿生絲毫沒有壓力，仍四處遊歷，投靠父親故舊。這一年，滿生被族人排擠，離家投奔一個在長安做官的父親朋友。也怪滿生準備工作做得不夠，到了長安才知道故人已經被罷官，只好怏怏而歸。這滿生心以為有高官關係就能衣食無憂，加上游山玩水，盤纏耗盡。如今被困在鳳翔旅店，滿生頓生虎落平陽被犬欺、滿腹文章無人識的感慨，原本視功名如草芥，卻浪跡江湖受窮途之苦。

　　越想越覺得悽慘，竟然放聲大哭起來。

　　滿生的哭聲驚動了隔壁的焦大郎。「何人如此啼哭？」焦大郎見滿

生長得一表人才，又聽說是落魄的書生，慷慨出資償付了他的欠帳，吩咐店家不要虧待了滿生。這簡直是雪中送炭啊！滿生吃到了熱菜熱飯，得知焦大郎並非大富大貴之人，在感激之餘又多了一分敬佩，決心回拜焦家。一來二往，滿生和焦大郎關係密切。焦大郎索性讓滿生搬到自家來住。

焦大郎有一個女兒，叫做焦文姬，年方十八歲，美麗不凡，聰慧無比。滿生則相貌堂堂，出口成章，感情充沛。很自然的，滿生和焦文姬結為夫妻。

這樁看似郎才女貌的浪漫婚姻，一開始就隱藏著現實的物質考慮。

從焦大郎的角度來說，焦家是普通的市井小民，商販人家。焦大郎不肯把女兒輕許人家，一心要嫁個衣冠子弟、書生君子，可惜一直沒有高門大戶來下聘。一般的暴發戶，焦大郎又看不上。高不成低不就，焦文姬十八歲了還待字閨中 —— 宋朝時十八歲女子已經是大齡未婚女子了。滿生雖然落魄，但畢竟有秀才功名，家族也是官宦人家。

從兩個小夫妻的角度來說，焦文姬和父親一樣看不上庸流凡輩。聽說父親在旅店中引來了外地的一個青年才俊，焦文姬早就在暗處觀望，滿生儀容舉止果然不俗，這讓她怦然心動。而滿生本就是個輕薄之人，自己落魄已久，很少有人像焦家這樣厚待自己，二來對焦文姬的美貌也很動心，所以很樂意娶焦文姬為妻。既可以改善處境又能坐擁嬌妻，何樂而不為呢？

滿生和焦文姬迅速成婚的原因是兩人暗中勾搭，而且不避形跡。為了防止家醜外揚，焦大郎在懊悔疏於防範之餘，鄭重地質問滿生，你玷汙了清白人家的女兒，現在怎麼辦？

滿生慚愧難容，跪地叩頭，邊求饒邊發誓：「小生罪該萬死！小生受

119

老丈深恩，已為難報。今為兒女之情，一時不能自禁，猖狂至此。如蒙海涵，小生一定以死相報，終生不忘天高地厚之恩。」焦大郎見滿生言辭懇切，又沒有娶妻，順水推舟，操辦婚事招滿生為婿。

兩人結婚後，婚姻幸福。兩年後，滿生在焦家的資助下進京趕考，金榜題名中了進士。他興高采烈地返回鳳翔，焦家免不了是鼓樂喧天，牽羊擔酒，鮮花笑臉相迎。鄉人也對焦家刮目相看。焦大郎更是得意洋洋，比自己中了進士還高興。兩年前略顯倉促的婚事，現在看起來是成功的：女婿女兒恩愛，女婿又躋身官宦階層，帶動了家族社會地位的提高。歸來的滿生與焦文姬更加恩愛了。

這椿婚姻正朝著美滿的結局走去。

中了進士並不意味著實缺實職馬上到手，需要經過吏部的考核挑選，才能出任官職。如果說中舉是大學畢業，那麼選官就是分配工作，選官和科舉考試重要性不相上下。中舉之人都各顯神通，希望選個實職。焦大郎雖是市井小民，也知道其中的貓膩。為了女婿能得個好官，焦大郎毫不猶豫地將家產盡數出售，湊了一筆銀兩讓滿生帶去京城選官。焦大郎已經完全將滿生看作是一家人了。可憐焦家原本就是中等家境，經過這麼一番折騰已經是囊中羞澀了，只好一心指望女婿選個好官再復興家境。

滿生到京，最後被授予臨海縣尉的實職。他決定先到鳳翔接老丈人和愛妻赴任。滿生整理行裝，準備起行。然而，一個人的來訪，徹底打破了滿生的計畫，也擊碎了一椿美滿的婚姻。

訪客是滿生一個熱情的族兄。族兄先說了一大堆滿生常年遠遊在外，全族人沒有滿生的消息，都替他擔心的話，沒想到滿生科舉一舉成名，「實為莫大之喜」。滿生那擔任樞密副使的叔叔看到金榜上有姪子的

名字，趕緊差人四處尋訪滿生。族兄滿臉春風地說，如今兄弟你選了官職，應該先衣錦還鄉再去赴任，我已經準備接你回鄉裡各處轉轉，見見親族。

當時，滿生不想回歸勢利的大家族。但他不便反駁族兄，又不好意思說出實情。隱隱之中，滿生覺得在鳳翔的落魄經歷和迎娶焦文姬並不是光彩的事情，又感到「衣錦還鄉」肯定另有隱情。這隱情是什麼？滿生三十歲的人了，在族人看來尚未婚配，這其中的隱情會是什麼呢？滿生此時有機會將事情和盤托出，但他把機會放棄了，找些理由支支吾吾，含糊其詞，不肯回去。

滿生內心產生了動搖。他原本就是自負輕薄之人，最後，他的族兄發火了，罵他得了功名竟然不回鄉拜會宗族鄰里、不祭掃父母墳墓。滿生一時無法反駁，沉默起來。那族兄不由分說，吩咐隨行的家人把滿生行李都搬到船上去。滿生無奈，自我安慰說回鄉省親也是應該的，便決定遲些日子再去鳳翔，先和族兄回鄉。

滿生回到家後，那些宗族鄰里果然成群結隊來拍馬屁。滿生心裡很開心，隨後去拜見叔叔、樞密副使滿貴。滿貴又是一陣誇獎，高興地說：「你在外不歸，我們還以為你是流落他鄉，沒想到竟然做了官回來。爭氣啊！」叔叔又說：「有一件事，我要和你說。我哥嫂早亡，姪子你壯年未娶，現已成名，嗣續之事最為緊要。我看你金榜題名後，就幫你留心婚事。京城裡朱從簡朱大夫有個次女，才貌雙全，我已經替你去求婚了。朱大夫答應了。這真是段好姻緣。你們結了婚，夫妻一同赴任，豈不為妙？」滿貴不管姪子的意願，將他當作聯姻的管道。他以為滿生會歡欣地接受這椿婚姻，畢竟這是對個人前途和家族利益都有好處的事情。

　　一邊是道德一邊是前途，一邊是有恩的髮妻一家，一邊是朝堂大臣有助仕途的朱家，他應該怎麼選擇呢？滿生半晌不作聲。

　　婚姻之所以神聖，就在於它是兩個人、兩個家族經過重重障礙、選擇和奮鬥才走到一起的。正是因為兩個人走在一起特別艱難，所以才彰顯白頭偕老走過一生的婚姻是多麼地偉大。遺憾的是，現實中有太多的人面臨著滿生那樣的選擇。滿生如果意志堅定，對焦氏父女感情深厚，就應該把流落鳳翔得焦家資助並娶妻焦文姬的來龍去脈，向叔叔滿貴細說。滿貴雖然會不高興，但未必不會認同。但滿生一來羞於說落難入贅焦家的事實，二來聯姻朱家可能帶來的現實利益對他誘惑很大 —— 畢竟滿生的身分不同了。

　　最後，滿生說：「多謝叔叔盛情，容姪兒再想想。」滿貴說婚事都由我們大人操辦，「事就這麼定了，還有什麼好想的？」滿生見他臉色嚴厲，不敢回言。

　　儘管悶悶不樂，此時滿生的內心深處已經接受了和朱家次女的新婚姻。拋棄焦文姬、斷絕焦家的恩情不道德，但和朱大夫家的聯姻「姻緣又好，又不要我費一些財物周折，也不該錯過！」思前想後，滿生得出了一個自欺欺人的結論：「做官的人娶好幾房妻子不算過分。我可以兩頭都顧著。文姬與我起初只是偷情，後來雖然成了親，但不是明婚正配的。況且我現在做了官，配我的須是名門大族，焦家不過是市井小民，門戶低微，怎麼能做朝廷命官的終身伴侶？我要娶朱家的小姐。日後焦家來問，我好言相勸，讓她另嫁他人。倘若焦文姬不肯，要我收留，我就逼她做小，不能讓她做正房夫人。到時候不怕她不低頭做妾。」

　　滿生就和朱家的女兒結婚了。兩家門當戶對，兩人年貌相當，相敬如賓。滿生又走進了一樁幸福的婚姻。

　　滿生和焦文姬的愛已成往事，但責任還在。妻子並不是衣服，想穿就穿，想扔就扔，一旦走入了婚姻就要承擔一輩子的責任。

　　不管滿生心裡多後悔第一樁婚姻，道德和責任感依然讓他偶爾念及焦家，於是索性把焦氏所贈衣服、定情香囊等都拿出來，一把火燒了，表明恩斷義絕。朱夫人問起緣故，滿生把焦文姬的事情簡單說了些。朱夫人並不是吃醋的人，反而勸丈夫說既然是患難時的婚姻就不該見異思遷。不妨接焦文姬過來一起住。滿生擺擺手，不願再提起焦文姬的事情。

　　過了十幾年，滿生已經官至鴻臚少卿、齊州知州了。

　　一日，滿生在州衙後面散步，突然走出一個女人來。滿生仔細一看，竟然是鳳翔焦文姬。滿生心虛，不知所措，焦文姬一把扯住滿生，哽咽地哭起來：「冤家，你一別十年，一絲恩情都不念及，真是狠心！」滿生心慌，慌得都沒問焦文姬這麼多年是怎麼過的，辯解說：「我不是忘了你，只是回到家後，叔父已經給我下了聘，強迫我成婚，我也是迫不得已啊。」焦文姬說：「你家的事，我都知道了。如今，我父親死了，家產也都沒了，無依無靠。我沒有辦法了，千里迢迢投奔你來了。我孤單一人，沒個落腳的地方，你也有了佳偶，我情願做你側室，伺候你與夫人，了我餘生。」焦文姬說一句，哭一句，說完就倒在滿生的懷裡放聲大哭。滿生只好把焦文姬安置在家裡，朱夫人也將她當作二房來對待。

　　一開始，滿生總覺得對不起焦文姬，不敢親近她。一日酒醉，滿生就在焦文姬房裡過了一夜。第二天，日上三竿了，滿生還不起身辦公。眾人見屋裡沒有聲響，實在等不及了，就進屋檢視，只見滿生躺在地上，口鼻流血，四肢冰冷，已經死去多時了。原來當年焦家傾家蕩產籌錢給滿生進京選官，被滿生拋棄後，生活貧困，受盡苦楚，焦大郎和

焦文姬父女抱恨而死。焦文姬在地府告了滿生一狀，地府讓她來陽間索命。

這個男子忘恩負義、女子生仇死抱的故事記載在《二刻拍案驚奇》的第十一卷。愛情故事有兩多，一多是古代郎才女貌恩愛的故事，二多是男子見異思遷、負恩薄倖的故事。陳世美是最有名的負心漢了，滿生也算是一個。

故事中滿生的心理變化過程很有趣，說明了一個書生是怎麼忘恩負義的。把他推向深淵的是現實的誘惑：門第、金錢、仕途等等。我們不能一味責罵滿生，更應該設身處地將自己當作滿生。任何婚姻都難以避開現實的因素，重點是我們想要什麼樣的婚姻，如何權衡各方因素。

人情大於法：
孝子王世名殺人案

　　明朝萬曆年間的一天，浙江金華府武義縣城外蝴蝶山的山腳路旁埋伏著一個黑影。沒過多久，該縣放高利貸的王俊從鄉間的姘婦家中出來後，沒帶僕從，一個人走過來。王俊慢慢踱過山嶺，那黑影衝過來，喝道：「還我父親的命來！」王俊毫無提防，大吃一驚，還沒反應過來頭上就中了一刀，倒在地上哀號抽搐。那黑影撲上前來，按倒王俊，再一刀拿下了他的首級。

　　一場凶殺案就此發生，震驚了朝野，成為文人詠嘆的代表事件。

　　這個殺人的黑影是溫文儒雅的秀才、王俊的同族兄弟王世名。王世名平日讀書吟詩，手無縛雞之力，殺王俊時卻膽大力大，毫無猶豫。因為王俊是王世名的殺父仇人。

　　當年王世名的父親王良向族姪王俊借了二兩高利貸。王俊逼債太緊，王良還不起，兩人打鬥起來。王良被打成重傷，第二天就死了。王良臨死時，吩咐王世名「此仇不可忘！」王世名也痛哭立誓：「此不共戴天之仇，兒誓不與俱生人世！」王良這才瞑目。王世名文弱書生一個，和王俊實力相差懸殊，想報仇卻心有餘而力不足。而且王世名不想和王俊同歸於盡，拖累家人。剛好王俊央求王家族長出面「私了」，王世名想

125

先讓父親入土為安，再報仇。於是，王世名接受了王俊「賠償」的三十畝好田，再由族長出面作證王良是正常死亡的。王俊毆打王良致死一事就這麼「私了」了。王世名私下表示「永無翻悔」。

私了後，王俊時常來「問候叔母」。王世名雖然不接受他的禮物，表面上卻毫無嫌隙，禮尚往來。有時他們兄弟兩人還杯酒相會，殺父之事漸漸沒人提及。暗地裡，王世名將三十畝田每年的租金收入都封存起來，分毫不動，並悄悄鑄造了一把利劍，隨身佩帶，尋找合適的機會報仇。白天裡，王世名和人嬉笑如常，回到家裡夜深人靜的時候就悲痛欲絕。他的妻子俞氏知道丈夫時刻不忘報仇，問他：「一旦仇人死在了夫君手中，夫君豈能存生？」王世名說：「為父報仇是我的天職。我只怕不能及早報仇，如果大仇得報我豈能偷生？」

這樣過了五年，王世名考中了秀才，妻子俞氏給他生了一個兒子。王世名很欣慰，自己給王家留下了功名（秀才家有優待），王家也有後了，自己即使和仇人同歸於盡，王家也不會絕嗣。王世名對家人說「如今我死可瞑目」，便去殺了王俊。殺人後，王世名取了歷年所收田租帳目，左手持刀，右手提頭，到武義具衙自首。

明朝的時候，治安很好，王世名光天化日手刃仇家，算得上是大案了，很快在縣裡傳開了。大家聽說王秀才是為父報仇，殺的是縣裡放高利貸的王俊，如此孝子殺人感人事跡一傳十十傳百，滿城轟動。王世名提著頭在前面自首，後面跟著百姓，縣衙前壓肩疊背，喊聲震天！

武義陳縣令升堂，驚問緣由。王世名把人頭與利劍放下，說：「生員特來投死。」陳縣令聽完前因後果，又看堂外人聲喧囂，說：「王秀才，你這是忠義至孝之舉，不應該拘泥於法律條文。你先回去等待通傳了。縣裡不能擅自處理你的案子，我將詳細情況稟報上司。」王世名就在百

姓的歡呼聲中回家去了。

歷代王朝都宣揚以孝治天下，對父母的孝和對君王的忠是相通的，所以官府對孝親之舉大加讚賞褒揚。陳縣令是這樣的環境選拔出來的縣令，自然成為擁戴王世名大軍的一名。他大大誇獎了王世名一番，言辭懇切，申文之外還寫了一份稟揭，替王世名說情。他用八個字來定性王世名殺人案件：孝義可敬，宜從輕典。

金華知府拿到陳縣令的公文和求情稟揭，內心也認為王世名可赦免。但此案畢竟事關人命，知府將此案轉給金華縣的汪縣令，要求此案由汪縣令和陳縣令會審。

汪縣令趕到武義縣，問清案情後，也想保全王世名生命。他決定在「孝」字上作文章，將王世名輕判。汪縣令和陳縣令商量說：「我們需要將王良的屍體重新檢驗，如果的確是因傷致死，王俊就應該抵命。現在王世名殺王俊，一命抵一命，罪就輕了。」陳縣令點頭稱是。

會審時，王世名斷然拒絕了。身體髮膚受之父母，是關係孝道的大事。父親已經入土安葬了，現在要開棺驗屍，是對父親最大的侮辱。汪縣令一想，也怪自己，王世名這樣的孝子怎麼可能同意開棺驗屍呢？可驗屍是關鍵，不驗屍就不能證明王世名的確是「為父報仇」，也就扯不到「孝」字上。汪縣令就對王世名說：「你是孝子烈士，殺人自首，我放你回家，和老母、妻子再好好商量。倘若你願意檢驗父屍，我就好從輕發落你了。這是我和陳縣令的好意，不可錯過。」

王世名堅絕不同意將父親開棺驗屍，又不願傷了兩位縣令的好意，就回家去了。王世名剛回到家，就有二三十個秀才來勸他。大家都同情王世名，希望他接受建議。王世名一一謝過大家，第二天上堂依然拒絕。兩個縣令大眼瞪小眼，覺得為難，聚集的秀才和讀書人喧囂不止，

王世名就是不改口。汪縣令故意發怒道：「殺人者死。王俊既然毆打王良致死，嚴格按照法律來行事就需要檢驗屍體是否有傷，何必問受害者家人願不願意呢！我們依法行事吧。」王世名憤然說：「今日之事，我斷然不會再驚動父親的屍骸。如果要我的性命，頃刻可了，我絕不會偷生！」說時遲，那時快，王世名說完就朝縣堂臺階一頭撞去。眾人大驚，趕緊去扶起王世名。遺憾的是，王世名早已把顱骨撞碎而死了。聚在外面的秀才和書生們，情義激發，哭聲震天。

王世名自盡，就不存在如何周全的問題了。

汪縣令和陳縣令各捐出十兩俸祿，書生們捐了三十兩，合成五十兩銀子召王家親人來領回屍首，從厚治喪。秀才們還寫了祭文，將王世名的葬禮辦得隆隆重重。王世名的妻子俞氏之前就對丈夫說：「君能為孝子，妾亦能為節婦。」王世名生前擔心家人，囑咐妻子不要輕生，一旦輕生，剛出生的孩子就斷奶絕哺了，自己也不放心去死。他拜託俞氏照顧好孩子。俞氏哭道：「既如此，為君姑忍三歲。三歲之後，孩子不須乳哺了，此時當從君地下，君亦不能禁我也！」丈夫自盡後，俞氏堅持要將屍體停喪三年。三年後，俞氏毅然絕食而死，與丈夫共同入葬。消息傳出，又轟動全縣。遠近聞之，人人稱嘆。書生們稟告陳縣令，陳縣令驚嘆道：「孝子節婦，出於一家，可敬可佩！」陳縣令將王世名家的事跡報告上司，先行獎恤。浙江省將事跡上報朝廷。王家的事跡，不管從哪個角度來說都符合傳統王朝的標準，是極好的宣傳榜樣。明朝朝廷下詔褒揚王世名夫妻，賜王家「孝烈」名號，修建牌坊，大肆宣傳。清朝修《明史》的時候將王世名列入了《孝烈傳》，民間文人的歌頌就更多了。

在一片褒獎聲中，人們是否還知道王世名是一個「殺人犯」，嚴格來說王世名算是「畏罪自盡」。一樁殺人案怎麼就這麼結束了呢？

　　如果我們再以「小人之心」來揣摩一下，王世名和後世文獻都說他是為父報仇。但是誰能證明呢？所有一切都是王世名自首的時候自己說的。如果這是王世名用「為父報仇」之名來掩蓋自己殺死王俊的罪行呢？

　　此案出乎意料的結局，主要就是「為父報仇」一說將「行兇殺人」轉變為了「孝子殺人」。其中的「孝」字，威力巨大。它不僅抓住了朝廷的喜好，也符合百姓的人心好惡。誰不說「孝」好，誰不被孝子臥薪嘗膽的復仇故事感動？法律比不上人情，王世名就是個例子。縣令有法不依，總是想著怎麼鑽法律的漏洞，做出偏頗的判決；百姓們根本不知法律為何物，遇到案子以內心的道德、人情為準。明清時期官員到任，都要帶刑名師爺，帶簽押文案，幫助自己處理司法事務。科舉考試不考法律條文，讀書人就不看這些不學這些，自然在金榜題名後需要找人替自己打理相關事務了。除了少數人，多數人都是以人情來判斷是非。

　　「孝子殺人」案暴露了中國古代遠非一個「有法」的國家。我們不能判定王世名為父抱仇的真偽，可以確定的是，一個「孝」字就能征服一大片人，包括知府、縣令、秀才和數以萬計的百姓，那麼，能夠征服人心的自然還有其他人情了。

第四篇
去適應社會

　　人生在世，有那麼多的不如意。到底是人適應社會呢，還是社會適應人？每個人對社會的要求都不同，社會應該按照哪個人的標準來運轉呢？我們所能做的，就是保持內心的透澈和寧靜，隨著變遷慢慢老去。在能力所及的條件下，我們可以影響身邊的人，讓他們的生活過得更好。

你何以立足：
從時遷的排名看單位政治

北宋徽宗年間，強盜和在逃通緝犯集團氣焰囂張，打家劫舍之餘攻城略地。負責天下兵馬的太尉高俅挑選了強將呼延灼為兵馬指揮使攻打梁山泊。呼延灼擅長使用重灌騎兵，名曰「連環馬」，氣勢洶洶漫山遍野橫衝直撞，殺得梁山泊那群剛拿起武器的匪徒掉頭鼠竄。幸虧有水泊擋住連環馬，好漢們才得以逃回水寨。大首領宋江發現損失了大半人。就連以勇猛著稱的大頭目林沖也掛彩了。

自打拉幫結夥以來，梁山泊走到了生死存亡的關頭：外有重兵團團圍困，內又人心惶惶士氣低落。弄不好，水泊梁山可能灰飛煙滅，大家集體搬家到陰間去繼續做兄弟。

眾人趕緊商議如何去破那連環馬，湯隆說鉤鐮槍可以破它，但是這槍只有他在京城的表哥徐寧才會使用。怎麼把有正當職業、家庭幸福的徐寧拉到梁山泊來入夥呢？偷他家祖傳的雁翎鎖子甲，用計引他上山。然而派誰突入京城完成重任呢？時遷。

只見時遷突出重圍，來到京城，到了徐寧家裡。踩點後，在一個天無月色的寒冬夜晚爬上徐寧家旁的一株大柏樹，「把兩隻腿夾定，一節節扒將上去樹頭頂，騎馬兒坐在枝柯上」。等到徐寧和家人歇息後，時遷

「從樹上溜將下來，踅到徐寧後門邊，從牆上下來」，不費半點氣力到了徐家的院子裡，找到徐家藏鎖子甲的地方，還發現有兩個丫鬟伏在桌上礙事。

施耐庵像我們詳細描述了時遷是如何竊取徐寧的鎖子甲的：

兩個梅香一日服侍到晚，精神睏倦，亦皆睡了。時遷溜下來，去身邊取個蘆管兒，就窗櫺眼裡一吹，把那碗燈吹滅了。伏到四更，徐寧覺來，便喚丫鬟起來燒湯。那兩個使女從睡夢裡起來，看房裡沒了燈，叫道：「阿呀，今夜卻沒了燈！」徐寧道：「你不去後面討燈，等幾時。」那個梅香開樓門下胡梯響，時遷聽得，卻從柱上只一溜，來到後門邊。聽得丫鬟正開後門出來，便去開牆門。時遷卻潛入廚房裡，貼身在廚桌下。梅香討了燈火入來看時，又去關門，卻來灶前燒火。

這個女使也起來生炭火上樓去。多時湯滾，捧麵湯上去。徐寧盥洗了，叫燙些熱酒上來。丫鬟安排肉食炊餅上去，徐寧吃罷，叫把飯與外面當直的吃。時遷聽得徐寧下樓，背著包袱，挓了金槍出門。兩個梅香點著燈送徐寧出去。時遷卻從廚桌下出來，便上樓去，從榔子邊直踅到梁上，卻把身軀伏了。兩個丫鬟又關閉了門戶，吹滅了燈火，上樓來，脫了衣裳，倒頭便睡。時遷聽那兩個梅香睡著了，在梁上把那蘆管兒指燈一吹，那燈又早滅了。時遷卻從梁上輕輕解了皮匣，正要下來。徐寧的娘子覺來，聽得響，叫梅香道：「梁上什麼響？」時遷做老鼠叫，丫鬟道：「娘子不聽得是老鼠叫？因廝打，這般響。」時遷就學老鼠廝打，溜下來，悄悄地開了樓門，款款地背著皮匣，下得胡梯，從裡面直開到外門。來到班門口，已自有那隨班的人出門，四更便開了鎖。時遷得了皮匣，趁鬧出去了。

這是一項看似不可能的任務：事主徐寧武藝高強（金槍班教頭，江

湖上也有一號：金槍手）、徐家人多眼多（徐寧有老婆孩子，還有兩個丫鬟守夜）、留給時遷下手的時間少（徐寧深夜入睡，四更天就要起身），更要命的是時遷要在徐寧眼皮子底下把鎖子甲盜走還不能讓徐寧知道是誰做的。結果，時遷神不知鬼不覺地上演了一場經典的偷竊場面。他很會把握時間，能夠恰如其分地讓對手出現紕漏來達到自己的目的；還膽大心細、靈活冷靜、臨危不懼，學老鼠叫學得很逼真。各行有各行的辛苦，小偷這種特殊行業也需要技術，時遷就因為出色，功夫扎實，成績顯著，江湖人送他一綽號：鼓上蚤。

第二天，徐寧發現傳家寶被偷後就追著時遷上了梁山。進了賊窩後徐寧被迫入夥，破了那個連環馬。梁山轉危為安，論功徐寧第一，時遷功勞第二。

時遷叫鼓上蚤，是他人小，但他為梁山立的功勞一點都不小。日後梁山的盧俊義盧大爺還沒入夥的時候，遭奸人迫害，被關在大名府大牢裡。梁山盡發大軍，圍攻大名城。大名府是河北重鎮，城池堅固，兵精糧足，梁山的眾好漢打來打去就是打不下來。進退維谷之際，又是鼓上蚤時遷提出了在元宵夜攻大名府的計畫。他對軍師吳用說：「小弟幼年間曾到北京。城內有座樓，喚做翠雲樓；樓上樓下，大小有百十個閣子。眼見得元宵之夜，必然喧鬧。乘空潛地入城，正月十五日夜，盤去翠雲樓上放起火來為號，軍師可自調人馬劫牢，此為上計。」時遷混入城中後成功在翠雲樓縱火，引起全城騷亂。梁山好漢內外呼應，趁亂攻破了大名府。時遷又立下大功。

時遷在翠雲樓上的時候，遇到了混入城中的同夥孔明、孔亮兄弟。孔家兩兄弟公子出身，雖然披著頭髮，身穿破衣，挂一條杖子，拿個碗在那裡乞討，一個臉皮紅光閃亮，一個皮膚白白淨淨，不像挨餓的人，

倒像是王公貴族公子哥來體驗生活的。時遷趕緊把他們拉到一邊：嗨，趕緊下去補妝，別露餡了。總之，時遷老練能幹，為梁山立下了汗馬功勞，這是有目共睹的。民間還演繹了許多時遷神偷蓋世，劫富濟貧，深受平民愛戴的傳說故事。時遷逐漸成為了小偷行業的榜樣。

那麼，這樣的人才在梁山中應該排第幾位呢？怎麼也會是中等名位吧？錯了，時遷排名第一百零七名，也就是倒數第二，僅高於金毛犬段景住。不僅毛手毛腳的孔明、孔亮排在了時遷的前面，還有許多資質平平、渾渾噩噩、泛泛之輩都排在了前面，就是那個出賣兄弟、叛變投敵的白勝，現在也排名一百零六位，壓在了時遷的頭上。

更可惜的是，時遷被分在情報組，專門蒐集情報。當年老大宋江坐牢時的牢頭戴宗，現在是情報組的組長。戴宗除了長跑能力比較強外，一不會提槍弄刀，二不會喬裝打扮，平日除了跟在宋江後面點頭稱是外，沒有尺寸之功。時遷是組裡的菁英，功勛卓著，也只能事事聽候戴宗的差遣。

時遷在梁山怎麼混得這麼差呢？

如果把水泊梁山比作一個公司，那麼時遷無疑是失敗者。這得從時遷的爸爸媽媽開始談起，一直談到梁山泊上各位好漢之間蠅營狗苟、亂七八糟的事情。因為這個問題不是時遷一個人的問題，而是「公司」的問題。每個公司都有人情世故和規章制度，記住這一點，我們繼續往下分析：

首先，時遷是什麼出身？小偷，時遷的出身太差了，上梁山之前大家的出身不一，但都比時遷要好。當然，出身太差不能怪時遷。從來沒有人談起過時遷的父母，連時遷自己都沒談過，所以最大的可能就是時遷父母早逝，留下他一個人孤苦伶仃地四處流落。時遷要生活啊，因此

「做些飛簷走壁，跳籬騙馬的勾當」，成了一名小偷。

一天，時遷挖完古墓累了，在破廟的角落裡睡覺，迷迷糊糊偷聽到殺了人的楊雄、石秀二人在商量著上梁山入夥。「上梁山好啊，那雖不是什麼正經飯碗，但也算有口固定的飯吃。」飢餓的時遷按捺不住，跳出來拉住楊、石二人就要一起上山。

時遷輕功了得，突然到楊雄面前談強盜的事情，把楊雄嚇得半死。「你，你，你如何在這裡？」時遷道：「哥哥聽稟：小人近日沒甚道路，在這山裡掘些古墳，尋些東西換錢。因見哥哥在此行事，不敢出來衝撞。聽說去投梁山泊入夥，小人如今在此，只做得些偷雞盜狗的勾當，何時是頭啊？跟隨得二位哥哥上山去，卻不好？未知尊意肯帶挈小人否？」一開始，時遷就把自己當作小弟，其實楊雄和石秀也不是什麼大人物，日後知名度遠比不上時遷。

不知是時遷的謙卑恭順，還是顯露出來的身手，楊雄和石秀同意了，三人往梁山去了。這一路餐風露宿的，三人要吃沒吃要喝沒喝，還要躲避官府稽查，全靠時遷偷的東西果腹。時遷對楊、石二人很巴結，不僅主動為二人倒水倒酒洗臉洗手，偷了大公雞以後還主動給楊、石二人吃：「煮得熟了，把來與二位哥哥吃。」那大公雞據說是被偷的人家唯一的雞，楊雄、石秀也不覺得這麼做有什麼錯，邊說邊吃，把公雞消滅了。時遷則在一旁憨厚地看著，這個形象簡直是他人生的寫照。

遺憾的是，梁山大當家晁蓋討厭時遷，厭惡偷偷摸摸的行徑。當楊雄和石秀上山後報告說因為時遷偷雞被祝家莊抓了後，晁蓋大怒，要把楊、石二人綁起來，砍腦袋。二人趕緊求饒，說都是時遷做的，我們罪不至死。晁蓋問，那時遷在哪？被祝家莊抓去了。晁蓋大喜，喜的不是時遷得到報應了，而是他早想要奪祝家莊的金錢和糧食了，這回終於讓

他找到藉口了。他馬上變臉，說時遷是我們的好兄弟，祝家莊竟敢抓他！走！抄傢伙，到祝家莊搶糧去，順便把時遷兄弟救出來。

時遷不經意間，又為梁山立了一大功。可這改變不了老大對他的鄙視和厭惡，前途可想而知。

不久，梁山換了位老大：及時雨宋公明宋江宋哥哥 —— 名字長了點，弟兄們都這麼叫，彷彿只有這麼叫才能顯示出仰慕擁戴之情。宋江在梁山好漢中「地位」最高：縣衙押司，正經八百的官差。除去平時大手大腳揮霍「灰色收入」外，宋江能得到大家的擁戴有相當程度是得益於他出身好：當官差，在宋家莊還有地。一百單八將中只有落魄皇裔柴進和關羽後人關勝的出身比宋江高。柴進的祖先是後周的皇帝，手裡拿著宋朝皇帝頒發的「丹書鐵券」，就算犯了罪也可以免死，可惜地位太高了，一般老百姓明白不了老柴家到底有多高貴，只以為是個員外爺。而柴進「門招天下客」，拿大宋官府的錢結交官府的通緝犯，可惜和老百姓距離太遠，不太平易近人，老是端著架子，反而沒交到什麼好兄弟。武松在柴進家坐了幾個月冷板凳，結果被初來乍到的宋江硬生生籠絡走了。所以柴進出身最好卻只能做公司的「十把手」。關勝簡直是和關羽一個模子刻出來的，拿把大刀站在那裡挺能嚇唬人的，可惜武功太差，是作為敗將俘虜身分加入的。之後梁山出去打仗就把關勝當花瓶擺在陣前嚇唬敵人。宋朝的時候關羽的地位被吹捧的非常高，都成「武聖」了，關勝自然水漲船高，雖然人沒用，進入團隊又晚，還是成了梁山的「五把手」。柴進和關勝都是血統的受益者。可惜和宋江相比，大家都知道縣衙押司的厲害，卻不知道後周皇裔是什麼，更對聖人的後代敬而遠之。宋江又會辦事，就成了一把手了。

梁山領袖論出身，第二等的就是軍官了。宋江是可以籠絡朝廷軍官

的，對那些帶兵來鎮壓的將官更是打敗一批招降一批，一個都捨不得殺。宋江剛上山就抱定了下山招安的目的，這些朝廷將官們來自於朝廷內部，懂規矩有人脈，是招安不可或缺的中間人。加入的軍官多了，和朝廷討價還價的籌碼也就更多了，所以軍官出身的人在梁山上的排名都不錯。第三等出身是普通百姓。有人說《水滸傳》描寫的是平民起義，但山上平民兄弟很少，多數都是城市貧民（難聽點就是痞子地頭蛇）。第四等就是衙役牢頭和尚道士之類的。人們雖然口口聲聲說三百六十行，行行出狀元，內心還是鄙視那些從事邊緣行業的人們。按照朝廷律法，第四等的子孫三代以內都沒有參加科舉考試的資格。

時遷的出身比第四等還要差，孤兒一個，小偷小摸，不能更低了，時遷墊底進來自然也只能墊底。

其次，時遷不合群。在山上，這個殺了情婦老婆，那個殺了縣令官差，都是殺人不眨眼的。李俊、張橫等人入夥前是船伕，把船搖到江心就問乘客，要吃「板刀麵」還是要吃「餛飩」？「板刀麵」就是我砍死你、搶你財物，「餛飩」就是你留下財物跳進江裡。李立和張青、孫二娘夫妻入夥前賣包子，賣人肉包子。這要是被抓到就是要砍頭的，李俊、張橫等人的頭顱還要掛在明顯的地方示眾，直至腐爛。時遷犯了什麼案呢？偷雞。按律，小偷被捕後無論所偷財物多寡最多打板子，時遷沒殺過人，還有「重新做人」的機會，他大不了被打個皮開肉綻，爬出衙門照樣可以開始新生活。所以說時遷和其他大案在身的是兩路人。怎麼會把時遷當作真兄弟，總會提防著點。

梁山早期對想加入的人有個要求：「但凡好漢們入夥，須要納投名狀。」「投名狀」就是一顆人頭，新人拿來人頭雙手就沾滿了鮮血，和山上的老人坐上了同一條船，生死與共了。這個優良傳統傳著傳著就沒人

執行了。時遷上山時，是拿著一隻雞來的並沒有命案在身。他這樣的偷雞盜狗的小賊本來是沒機會加入的，現在進來了難免受同事歧視了。在任何一個公司，你都要融入公司的文化和氛圍。時遷太純潔了。

第三，時遷是梁山上的獨行俠，不屬於任何派系。正如焦挺說：「我多時要投奔大寨入夥，卻沒條門路。」焦挺「平生最無面目，到處投人不著」，所以得綽號「沒面目」。可見梁山是需要引薦才能上山入夥。梁山內部一直存在派系，時間越長派系越鞏固越明顯，相互制衡越複雜，任何新人的加入都會牽動各派敏感的神經。

梁山的第一個派系是元老派，包括林沖、劉唐、三阮、宋萬、杜遷、朱貴、白勝等人。他們年資最長，被長江後浪推得東倒西歪，但再差勁也能當個經理。第二個派系是實力派。梁山在發展過程中，吸納了清風山、芒碭山，二龍山、桃花山、白虎山、少華山等山寨的力量。比如魯智深、武松、李忠等人都是帶著成百上千的人和槍上的梁山，是「加盟」不是「求職」，發言權自然與旁人不同。第三個派系是關勝、秦明、呼延灼、張清等「原國軍」集團。他們是梁山尋求招安的重要籌碼，有了他們，梁山才能和其他團體有區別。第四個派系是心腹集團，花榮、戴宗、李逵和燕青等人和宋江、盧俊義等關係密切，原本就是老闆身邊重要的手下。第五個派系是功臣集團，柴進、李應、朱全、徐寧等人，長期供錢供物，是梁山的「金主」，替梁山解決過難題或困境。他們是梁山專門請來的，自然要開出不錯的待遇吸引人才。第六個派系是技術集團。比如蕭讓、金大堅、打造兵器的湯隆、醫生安道全和給馬看病的皇甫端等。這個派系沒什麼發言權，只能埋頭苦幹，但非常重要，公司沒辦法離開他們。最後一個派系就是沒有派系的人。時遷就是該派人士，此外還有扈三娘、焦挺、石勇、王定六、段景住等沒有背景、因

各種機緣上山的，排名都靠後。

所以說，一個人的地位不在於你所做的貢獻，更不在於你的能力，主要在於你的出身學歷人脈，在於內部權力結構權衡的結果。

等梁山的人越來越多、魚龍混雜時，宋江、盧俊義、吳用等人覺得公司各處室人滿為患，實在塞不下新人了，必須核定編制加強人員管理。別看老闆平時風風光光，手持人事大權，令人敬畏羨慕。但人事大權不是普通人能做的事，需要考慮多少細節和人心世故啊！誰上誰下，哪個因素的權重多少，哪個派系會有什麼樣的反彈，弄不好會影響大局的。宋江、吳用等人單單為了一百零八人的排位問題，就絞盡腦汁，苦想了七天七夜，誰有多大的分量，老闆心裡都清楚，就是不知道如何宣布出來。最後還是宋江想出了一個方案：讓天意來作主。

於是，梁山上落下一顆大隕石，石頭上刻著一百零八人的排名。眾人看了都驚訝不已。宋江吃驚地說：「敢情我們弟兄原來都是上天的星宿。上天顯應，合當聚義。今已數足，上蒼分定位數，為大小二等。天罡、地煞星辰，都已分定次序。眾領袖各守其位，各休爭執，不可逆了天言。」眾人無話可說。這是「天地之意」，誰敢違抗？

就這樣時遷排名倒數第二。最末一位是段景住，也是個小偷，專門偷馬的，但比時遷差遠了，在長城外得了一匹好馬，趕來獻給前老大晁蓋，結果半路上還被人搶走。入夥後，段景住負責往來中原和西域採購馬匹，長年在辦公室裡看不到人影，也只能坐最後一把交椅了。

如果有人排斥公司政治，那他最好的出路就是自立門戶。可惜擁有這樣能力的人極少。對於多數人來說，圖個好相貌，考個高學歷，找家好公司，別多想，安心辦事，就能保障一生的吃穿住行了。

最後的武器：
從林沖白虎堂案說開去

　　梁山泊上的豹子頭林沖，原本算是一名軍官，後來因為被上司高俅太尉陷害，被逼上梁山，成為體制外的江洋大盜。

　　高俅高太尉為了陷害林沖，設計了一個「白虎堂案」。

　　「白虎堂案」的案情清晰簡單，完全就是個冤案，但是這個案子可以引出有關中國古代武器管制的話題，非常值得嘮叨幾句。

　　案子的起因是高太尉的乾兒子、花花公子高衙內看上了林沖的老婆，垂涎不得，欲除掉林沖。一幫宵小富安、陸虞侯等人就獻計陷害林沖，得到了高太尉的支持。高太尉除了愛子心切外，平日裡對不願意同流合汙的林沖也沒有好感，就叫林沖帶新買的寶刀來高家鑒賞把玩。林沖不明就裡，帶著刀，被一步步騙入軍事禁地 —— 白虎節堂。北宋律法規定，任何人不得攜帶兵刃進入白虎堂。高俅更是一臉驚訝地說，我沒有傳召你來，你拿著寶刀進來是不是要行刺我啊！林沖百口莫辯。結果高俅以「故入節堂，欲殺本官」為由，將林沖解往開封府查辦。開封府滕府尹看出此案的貓膩，頂住高俅「好生推問，勘理明白處決」的巨大壓力，判了林沖「脊杖二十，刺配遠惡軍州」。幾年後，北宋政府中少了一名軍官，江湖上多了一個豹子頭。

　　高俅為了坐實林沖的死罪，關鍵是要林沖手中有「兵刃」。林沖手裡有兵器，就可以誣陷他有行刺或者其他圖謀不軌的念頭，也可以拿任何人不得持械進入軍事要地的鐵律壓死林沖。我們跳出案子本身來說說歷史上的兵器管制問題。古代對兵器的管制非常嚴格。達官顯貴害怕被人行刺，擔心暴動，因此嚴格限制兵器。

　　先秦時期，可以自由打造、擁有武器。司馬遷在《史記》裡專門列了一個《刺客列傳》，這些刺客、英雄們如果沒有兵器，哪會有行俠天下的壯舉？春秋戰國時期的士階層和暴發戶們，不管會不會打架，人人在腰間別把劍，後來連駕車的司機們也找把寶劍帶上，覺得有面子。市井裡的樵夫、屠戶也裝模作樣地別把柴刀或者殺豬刀，人們習以為常。至於匕首、鐵球、弓箭、刀片等零散的武器，遍地都是。

　　秦始皇眼光就是不一樣，他看出了兵器自由化的危害。萬一六國餘孽或者別有用心的壞人造反，要推翻自己辛辛苦苦建立的帝國，或者大臣們和身邊的人要行刺自己，那可怎麼辦啊？要管制兵器！所以，秦始皇開始制定嚴厲的兵器管制制度。大臣們進宮不能攜帶兵器就是秦始皇規定的，害得荊軻為了刺殺秦始皇不得不把匕首藏在地圖裡。統一天下後，秦朝嚴禁民間私造、私藏武器，收繳散落民間的兵器打造了十二個金人。漢朝續起，批評秦始皇，但新的貴族階層覺得秦始皇管制兵器的創意很好，繼承了下來，此後歷代王朝都沿用。到了元朝，官府規定任何人不得私造、私藏兵器，對漢族人的兵器管制尤其嚴格，把漢族人的衣甲、彈弓、鐵棒等都收繳。誰違禁，輕則杖罰，重則處死。對於地方官衙的兵器數量，也做了嚴格限制，規定漢族地區「每一個路裡十副弓箭，散府裡、州裡七副弓箭，縣裡五副弓箭」，由在漢人地區任職的蒙古人和色目人監管。

　　封建王朝有必要這麼嚴格管制兵器嗎？有。管制兵器對統治者好處多。冷兵器時代，打仗殺人都靠大刀長矛，控制大刀長矛，就掐住了一切圖謀不軌者的命脈了。你們手無寸鐵，我刀槍在手，看誰還敢造反？而且，如果統治者想多徵稅，亮亮手裡的傢伙，誰又敢說個「不」字？

　　王侯將相們的地位穩固了，統治起來也很方便，但是被統治的芸芸眾生，失去了對兵器的自由擁有權後，生活有什麼變化？又做何感想呢？

　　普通百姓為什麼要持有兵器？絕大多數人持有兵器是為了保護自己的，作為自衛的武器。現實社會很複雜，有各式各樣侵犯權益的事件發生。當道德規範、法律制度和官府管理都失去效用的時候，老百姓只能依靠自己，拿起兵器自衛。尤其是在封建王朝時期，治世少亂世多，社會動盪不安，老百姓只能被迫自衛了。不管到什麼時候，枕頭底下的匕首總是老百姓自衛的最後武器。封建王朝嚴禁民間私藏武器，就等於剝奪了百姓自衛的武器。

　　以林沖作為例子，來看看兵器的作用。

　　林沖在「白虎堂案」發生之前，三十四五歲，事業有成，家庭美滿，在繁華大都市汴梁過著小康生活。可在他令人羨慕的表象下隱藏著危機，林沖的小康生活面臨著許多威脅。首先有在清平世界調戲良家婦女、橫行鄉里無人敢管的高衙內。這樣的公子哥，背景雄厚，就是林沖這樣的軍官也惹不起。林沖先前見妻子被一花花公子調戲，上前抓住對方就要揍他一頓，定睛一看是上司的上司的上司的公子，頓時氣短。是不是林沖的官太小？不全然是。只要林沖沒有進入北宋的最高權力層，他永遠面臨強中自有強中手、官大一級壓死人的窘境。其次，「只要衙內歡喜，卻顧不得朋友交情」的陸虞侯之類的小人大有人在。這些小人

為名利驅使，連兄弟親人朋友都可以出賣，暗箭傷人更是他們的家常便飯。人性的弱點決定這樣的人永遠都會存在。林沖可以對高衙內那樣的人敬而遠之，卻不能躲過陸虞侯等人的暗算，落了個家破人亡的下場。林沖是個性情溫和的人，最後也在「雪夜上梁山」一段憤而殺人。當時他已經沒有退路了，不是你死就是我亡，好在手裡還有鋼槍在，最後關頭自衛成功。

城中還有一股隱性的力量，威脅著林沖這樣的「小康人士」。平日裡，林沖的打扮是這樣的：「頭戴一頂青紗抓角兒頭巾；腦後兩個白玉圈連珠鬢環；身穿一領單綠羅團花戰袍；腰繫一條雙獺尾龜背銀帶；穿一對磕爪頭朝樣皂靴；手中執一把摺疊紙西川扇子」。閒暇時光，林沖還可以陪著愛妻去大相國寺燒香禮佛。但在同一個城市裡，還活著另外一群人。他們就像是汴梁的老鼠和蛇一樣，艱辛尋食。他們靠什麼生活呢？大相國寺所屬的一片菜園就是他們的「飯碗」。張三和李四靠偷菜過活，終日要和看守菜園的老僧鬥爭。後來大相國寺換了一位看守僧，是殺人無數、因緣巧合落入僧院的「花和尚」魯智深。這魯智深同情張三、李四，很快加入了後者的行列。因為他們的存在，汴梁城是分裂的，是不穩定的，在繁榮的表象下隱藏著深深的危機。為了預防潛在的危害，林沖這樣的居民是否需要自衛的武器呢？

不知道林沖每次陪老婆去大相國寺禮佛，路過菜園的破牆時，有沒有注意到在菜園裡辛苦刨食的張三和李四？其實，整部《水滸傳》寫的是「張三李四」們的故事。林沖的出場，從某個角度看，是陪襯的。社會的腐敗和命運的不公，最後將林沖也推入了魯智深、張三、李四所屬的「灰色社會」之中，過起了黑道的生活。

林沖最後殺陸虞侯等人的長槍來由很有意思。林沖「犯罪」後不再

是軍官了，屬於嚴禁私藏武器的百姓之一，但他被充軍發配到艱苦地區當兵，被分配到一處草場戴罪立功。既然是當兵的，就給了他長槍。這也算是林沖「命不該絕」。如果林沖手中沒有兵器，那個大雪紛飛的夜晚就要改寫《水滸傳》的歷史了。

如果執行徹底的武器管制制度，是否就可以避免對普通百姓的侵害了呢？如果能夠徹底管控武器，壞人在侵犯普通百姓的時候就少了件凶器，普通百姓的生活多了一分安全，這當然好了。

放鬆武器管制的危害也是顯而易見的。它可能提供了陸虞侯、張三、李四暗算他人、報復社會的凶器，它可能造成誤傷事件、蠱惑青少年的心理，它可能會給包括林沖在內的官府中人帶來巨大的管理難度。但是不能因為管理有難度，就收繳民間的寸銅寸鐵，而是可以替每一件兵器編號或者做上記號，以便追查；可以讓林沖在購買兵器，由禁軍衙門出示一份林沖身心健康、允許林沖購買兵器做何用途的證明，也可以在魯智深想打造大砍刀的時候，耐心勸說他放棄這個與看守菜園沒有直接關係的工具，同時通知大相國寺對魯智深跟蹤看管，定時向官府匯報；可以定期不定期地抽查兵器和持有人的情況，去他們家或者要他們來衙門都可以……

朝廷的兵部中設有「武庫司」，建議武庫司增加監管民間兵器的職能，或者乾脆成立新的「兵器監管司」，可以破格任命有從軍經歷又酷愛兵器的魯智深為司局長，或者提拔性情溫和又顧家愛老婆的林沖為司局長，也可以讓他不用再窩在禁軍裡幫心術不正的高俅做事。

國富與民窮：

從沈萬三族誅案看財富觀

洪武二十六年（西元 1393 年）的正月，蘇州府周莊的糧長顧學文待在京師應天府。這一天，顧學文去涼國府看望在府內教書的同鄉王行。

王行是蘇州城有名的老塾師。從元朝末年開始，除了洪武十二年（西元 1379 年）短暫在南京藍玉藍家外，王行長期在顧學文的小舅子沈達卿家任教，和顧學文認識三十多年了。如今兩人同處異鄉，顧學文從去年十一月起就多次來涼國府看望王行，每次來都大包小包提著許多禮物，打點府上各色人等。因此，涼國府上下對顧學文很有好感。

這一次，顧學文照樣和王行在房內說話。涼國公藍玉剛好經過，見一個陌生人在自己家裡大方地交談行走，奇怪地問王行：「這個人是誰？」王行回稟說：「他是小人鄉人沈萬三秀女婿。」藍玉聽說後，臉色大變，立即熱情地招呼起顧學文來，吩咐準備佳餚酒宴招待顧學文。

藍玉是堂堂的涼國公，多次出任大將軍，戰功顯赫，權勢炙手可熱；顧學文是鄉下糧長。明朝初期，官府指定鄉間交糧納賦最多的百姓為糧長，協助官府徵收糧賦，根本算不上是官員。兩人身分相差懸殊，藍玉為什麼對顧學文如此熱情呢？他為什麼聽到「沈萬三秀」這個名字後判若兩人？這個「沈萬三秀」又是誰？

　　「沈萬三秀」就是元末明初江南第一富豪沈萬三，「資巨萬萬，田產遍於天下」。他的財富多到什麼程度呢？如果明朝有「富比士排行榜」，沈氏家族一定能雄踞財富榜首位數十年。蘇州周莊原本是一個小村莊，沈萬三卻能將小村子建設成了一個聞名遐邇的城鎮。後來，明朝人將花錢買的官都叫做「沈萬三官」。其實，沈萬三真名沈富。朱元璋當皇帝後，將每縣人口分為哥、畸、郎、官、秀五等，哥最低，秀最高，每等中又分三個小等；鉅富則被稱為萬戶。沈萬三秀，顧名思義就是說那個姓沈的、最高等的鉅富。因為有點拗口，「沈萬三秀」漸漸簡化為「沈萬三」或者「沈秀」，至於沈富的本名，反而鮮為人知了。

　　王行在沈家教書的時候，每教會學生一篇文章可以拿到二十兩黃金酬勞。王行在藍玉家教了一年書後又跑回沈家，主要原因是洪武十三年（西元 1380 年）「胡唯庸黨案」發生，他唯恐受牽連，所以辭別藍家重返沈家；另外沈家的「天價薪資」也是他重返沈家的重要原因。可到了洪武二十四年（西元 1391 年）王行家莫名其妙地被編為「織挽匠戶」，要去應天府住坐。涼國府藍家知道後，再次請他來府中教學。王行跟沈藍兩家的長久交情，讓沈家發現了一個機會：透過王行結識藍玉，替沈家的巨額財富尋找一個靠山。藍玉名震朝野，手握軍權，而且他的姐姐是開國元勳常遇春的妻子，外甥女是懿文太子的王妃，有希望成為未來的皇后。藍家的地位看起來穩如泰山。正如顧學文日後承認的「因見涼國公總兵多有權勢，不合要得投托門下」，和顯赫的藍家拉關係不會有錯吧？

　　現在顧學文都和藍玉搭上關係了，也就不拿自己當外人了，三天兩頭往涼國府跑。正月十三日，顧學文將沈家的沈德全引薦給藍玉。沈德全送了一條珍貴的烏犀帶給藍玉。藍玉很高興地款待他們。酒筵盡興

後，藍玉對顧學文、沈德全說：「你們沈家一分為四了，依然是江南的上等大戶。我如今要行些事，正要和你商議。你可準備些糧米、銀子、段匹前來，我要賞人。」顧學文和沈德全見藍玉開口要錢要糧，立刻答應。借錢就要替沈家辦事，顧沈二人正巴不得呢。藍玉又說：「我現在有一萬五千貫錢，你可就船順帶前去蘇、杭收買段子。」這藍玉借到錢後，更進一步，要求沈家「幫」他做絲綢生意。顧學文見藍玉要插手沈家的生意，心中有那麼一絲不快後也答應了。要獲利總是要投資的！

藍玉和沈家的感情更「深」了。

幾日後，顧學文又在藍玉宅內歡宴。觥籌交錯間，藍玉湊過來對顧學文說：「顧糧長，我如今有件大勾當對你商量。」顧學文一聽又有「眷顧」，忙表忠心：「大人有什麼吩咐？小人不敢不從。」藍玉就說：「我親家靖寧侯為胡黨事發，怕他招內有我名字，累了我。如今埋伏下人馬要下手，你那裡有什麼人，教來我家有用。」當時「胡唯庸黨案」牽連很廣，朝廷日夜嚴刑審訊疑犯。許多人託關係找辦案人員將自己的名字從疑犯口供中刪除，以免麻煩。藍玉極有可能是這個意思，但受到酒精的刺激，說出了「埋伏」、「下手」等重詞。顧學文也受到了酒精的麻痺，同樣點頭答應。回到周莊後，顧學文還對副糧長金景、納戶朱勝安等人說起這些事情，大致是當朝涼國公多麼器重我，不拿我當外人云云。金景、朱勝安等人則羨慕地托著下巴，痴痴地看著顧學文傻笑。他們不知道，日後這些都成為了他們「串同謀逆」的鐵證。

沒幾年，沈家的投資還沒有獲得回報，藍玉這座泰山變成了冰山，轟然倒塌了。朱元璋大開殺戒，牽扯出一個比「胡唯庸黨案」更大、株連更重的「藍玉案」來。

洪武三十一年（西元 1398 年），同裡鎮的陳某出面告發入贅沈家的

顧學文等人串同藍玉謀逆。

這樁大案的起因，其實是顧學文拈花惹草引發的一個桃色事件。

同裡的陳某在衙門裡當差，家裡留下一個弱智的兒子和兒媳婦梁氏。這個梁氏美貌出眾又知書達理。顧學文偶見梁氏，一見鍾情，開始引誘梁氏。他一邊找人拉著弱智的陳家兒子到處遊玩，一邊買通陳家的鄰居天天在梁氏面前說顧學文的好，最後親自出馬將梁氏「拿下」。兩人感情日深，頻頻有書信往來，傳得沸沸揚揚。誰想梁氏偷情疏於防範，陳家人拿到書信後，寄給了陳某。陳某一心報復，但僅憑一封書信，他根本告不倒顧學文，而且沈家勢力龐大，即使告倒了顧學文，陳某也會遭到沈家的報復。除非，陳某能將沈家連根剷除。剛好，藍玉案爆發了，陳某於是告發顧學文和沈家參與了藍玉的「謀反」。「謀反」可是族誅的大罪。

藍玉案正在風口浪尖上，凡和藍玉有文字往來的都被牽連，甚至有人因為在藍玉家的畫上題過字就被當作同黨殺了。朱元璋接到沈家參與謀反的控告後，立即下詔逮捕。顧學文全家包括妻族沈家，一共有七十二家人逮捕下獄。因為沈家很廣，財富又遍布全國各地，所以刑追逼供隱匿人口和田產的工作持續了好幾年。最後顧氏一門和沈氏全族被凌遲處死，共殺八十餘人，全部家產沒收。周莊沈家勢力被連根剷除了，盛極一時的「沈萬三家在周莊，破屋猶存，亦不甚宏大」。

這就是明朝洪武年間著名的「沈萬三族誅案」，整個案子缺乏明確的證據，可以斷定為冤案。

沈家的姻親莫家也受到株連，「俱死於法，餘謫戍幽閉，一家無能免者」。好在莫家前輩知道盛極而衰的道理，預先冒認洱海衛一個同姓的人為族人。案發後有家人變更姓名，投奔洱海，蒙建文帝即位後的大赦返

回故里，只見「故居蕩然一空」。莫家的莫旦因此痛罵顧學文：「流毒於人，皆起自顧賊一人之禍。」其實莫旦錯怪顧學文了。顧學文也是為了沈氏家族的利益才到處奔波和藍玉拉關係的。

沈家的悲慘命運不是哪個人的錯造成的，而是整個大環境造成的。在沈氏發家的途中，悲劇的種子就已然種下。

沈萬三早年赤貧，他是如何發家的，後世說法不一。最有名的一個傳說是沈萬三得到了一個「聚寶盆」：沈萬三年輕時用水洗碗，不小心把碗掉到了水底，於是拿木桶去撈，撈上一個不斷湧出寶石的盆子，沈萬三由此發家。也有說法是沈萬三的聚寶盆是在裡面裝什麼東西，什麼東西就能自動盈滿盆子。沈萬三放一點金子就能湧出一大盆黃金，能不發家嗎？其他人眼饞，借聚寶盆一用，卻沒有功效。另外還有傳說是沈萬三會「點石成金」。「聚寶盆說」也好，「點石成金說」也罷，都反映了人們對沈萬三暴富的不理解。

沈萬三的父親沈祐在元朝中期從吳興南潯遷徙至蘇州的周莊，當時周家還是貧窮人家。但一家人吃苦耐勞，勤奮勞動，「其先世以躬稼起家……大父富，嗣業弗替；嘗身帥其子弟力穡」，依靠種地墾殖逐漸富裕起來。王行評價沈家是「多田翁」，可以證明沈氏發家還是依靠傳統的農業。手裡有了本錢後，頭腦靈活的沈萬三開始放高利貸。明中期蘇州人黃省曾的《吳風錄》說：「自沈萬三秀好廣闢田宅，富累金玉，沿至於今竟以求富為務。」透過務農來累積財富畢竟還是太慢了，放高利貸讓沈萬三的財富有了大幅度的成長。

也就在這個時代，沈家的發展開始偏離了傳統王朝對一個農家的要求。放高利貸可能便利了民間資本流通，有利經濟發展，但在官府看來是投機、不務正業。你沈萬三不做個勤勞致富的財主，去放高利貸幹什

麼，怎麼就不安分呢？父母官們開始皺眉頭了。另一方面，沈萬三是個頭腦靈活的人，極可能意識到自己的行為開始偏離官府對優秀平民的要求，開始尋求安全之道，退回去是不願意的，沈萬三開始想：怎麼保證財富安全呢，怎麼讓官府承認家族每日飛漲的財富呢？

沈萬三的真正發達是他分到了汾湖陸氏的巨資，陸氏富甲江南，可惜沒有後人，於是就便宜了娶陸氏之女為妻的沈萬三。更重要的是，陸家是商人。「沈萬三秀之富得之於吳賈人陸氏」，從陸家的商業致富中沈萬三得到了更大的啟示：做生意最賺錢。資本相當雄厚的沈萬三開始廣闢農田，鞏固主業，創辦商舖，開始大規模經商。糧鋪、酒樓、銀號、鏢局、典鋪、布莊、魚行……什麼賺錢，沈萬三就開什麼。沈家商隊奔走於徽州、太平、池州、常州、鎮江、南京之間，販運各種貨物，在各個要點設立店鋪。沈家收集江浙的絲綢、陶瓷和手工業品等，銷往華北甚至海外。「長途貿易」和「國際貿易」，營利最多。周莊處於地理位置優越，交通便利，尤其是擁有四通八達的水網，被沈萬三建成了指揮中心和物資流通基地。《吳江縣誌》載：「沈萬三有宅在吳江二十九都周莊，富甲天下，相傳由通番而得」。

至此，沈萬三數錢數到手軟的同時也讓各級官府目瞪口呆。

賺錢沒有錯！可惜傳統王朝不喜歡這樣的人。歷代王朝的統治基礎是數以百萬計的自耕農戶。他們在農田上，精耕細作，為王朝提供糧食、稅金、勞力和兵員，是國家運轉和安定的基石。自耕農越多，傳統王朝就越穩定；自耕農受到大族欺壓、土地兼併或者天災人禍而減少，王朝也就不穩定了。官府允許自耕農透過辛勤勞動成為地主，也為地主階層躍升到統治階層提供了制度保障。但是，官府不願意自耕農透過經商、海外貿易等非農手段成為富豪，更不願意富豪的勢力越來越強大，

財富越來越多，多到周莊一個村子的金銀財寶比蘇州府城的財富還多。萬一資敵、溝通蠻夷或者有錢有人、見過世面後圖謀不軌，怎麼辦？

就說沈萬三這個人吧，成了閱人無數、經歷風浪、富可敵國的富豪，這樣官府中人以後還怎麼和他打交道？所以說，沈萬三的處境危險了。

沈萬三也知道自己是另類。好在他的暴富期是元朝末期，官府自顧不暇，而且沈萬三也刻意保持與官府的良好關係。他幫元朝往北方運送糧草，也支持過割據蘇州的張士誠政權。張士誠還曾為沈萬三樹碑，沈氏財團算是討得了一張護身符。

最後統一天下的朱元璋是個農民，最希望恢復「雞犬之聲相聞老死不相往來」的田園生活。所以在洪武六年（西元 1373 年）前後聽說有一個叫做「沈秀」的老百姓竟然出資承擔了南京城牆三分之一的修築費用時，朱元璋大吃一驚：天下竟然還有這樣的富戶？沈萬三的想法很簡單，新朝建立了，我要搞好關係，方法就是捐錢表示忠心。但朱元璋要的不是錢，是江山穩固。當沈萬三進貢龍角、白金二千錠、黃金二百斤、甲士十人、良馬十匹，並在南京城內興建酒樓時，朱元璋憤怒了：「匹夫犒天下之軍，亂民也，宜誅之！」

朱元璋的邏輯也很簡單很現實：沈萬三有養活軍隊、發動叛亂的能力，即使沒叛亂行為，也屬於應該先下手為強除掉的亂民。

後來馬皇后勸他，這樣的「不祥之民」老天爺會誅他的，不勞陛下動手了。朱元璋這才將沈萬三流配雲南，看管起來以免後患。可憐的沈萬三辛辛苦苦累積了萬貫家財，竟因主動捐錢討好官府而獲罪流配。現在有人根據地方誌和沈家後人的墓碑推斷出沈萬三不可能那麼長壽活到明朝初年。

　　《明史》上記載的這件事說的不是沈萬三。又有人依據各種資料，還在貴州等地發現了沈氏宗譜，證明了沈萬三的確在明初因富獲罪。不管朱元璋治罪之人是否沈萬三本人，沈家遭受打擊的事情是客觀存在的。助修城牆讓沈家遭到了第一波打擊，勢力頓減。

　　之後，朱元璋削弱富戶，對富戶採取重賦，還遷徙了許多江南富戶去充實皇帝貧困的老家——安徽鳳陽。可憐那些南方富戶被限制在鳳陽，都不能自由往來南北，只能假扮乞丐前往江南，在行乞過程中無意發明了「鳳陽花鼓」。周莊的沈家躲過了被遷的噩運，但重賦是免不了的。不僅如此，官府開始不斷找碴，「嗣是厥家或被告訐，或旁累所逮，往往曲為肆宥」。洪武十九年（西元 1386 年）春，沈家子弟沈至、沈莊因為田賦一事被捕，沈莊死於牢中。大約在同年，沈萬三的女婿陸仲和被牽連進「胡唯庸黨案」，陸家被滿門抄斬。至此，沈家在政府打壓下，勢力大減，但仍然是江南首富。

　　沈家的首富生活過得戰戰兢兢的。為免樹大招風，沈家主動分為四戶。沈家曾有人被舉薦到京師為官。當官的沈家子弟都上奏辭受俸祿：「臣等田地家財都是上位保全底，又蒙賜俸，難以消受，敢辭。」朱元璋說：「要辭，從你。欽此。」同時富貴慣了的沈家韜光養晦還不夠。洪武二十三年（西元 1390 年）沈家姻親、戶部左侍郎的莫禮回鄉省親，到周莊沈家拜訪，見到「其家屏去金銀器皿，以刻絲作鋪筵，設紫定器十二卓，每卓設羊脂玉二枚，長尺餘，闊寸許，中有溝道，所以置箸，否則箸汙刻絲作故也。行酒用白瑪瑙盤，其班紋及紫葡萄一枝，五猿採之，謂之五猿爭果，以為至寶。」當年朝廷正大抓「胡黨」，三月間潭王朱梓因岳父陷入黨禍竟然驚懼得和王妃一同自焚而死，四月間開國元勛、太師、韓國公李善長下獄，大批功臣遭到屠戮。莫禮抱著「活著真好」的

心情來探望親戚，看到姻親大肆鋪張地款待自己，一下子就感覺到了危險。「嗚乎，一釵七十萬錢，前輩以為妖物，與禍相隨。今觀沈氏之富，豈止一釵七十萬而已哉！其受禍宜也。」應該說，沈家悲劇部分也是自身收斂不夠，鋒芒太露造成的。沒幾年，沈家就被族誅了。

　　整個沈萬三和沈家的歷史，缺乏完整的歷史，有許多不確定的內容。但是大部分是有依據的。比如明朝初年對江南富戶的打壓、施行重賦和查抄。朱元璋死後，明初的這些政策和案子都還是交談的禁忌。後人對沈家的歷史津津樂道，很可能是透過這個家族的悲劇記住明初的那段往事。打壓富戶的現象不單是朱元璋時代，在歷史上普遍存在。朱元璋只是手段過於極端而已。在國家壟斷一切、普天之下莫非王土的古代，財富是受到控制的。財富掌握在國家的手中，就是安全的；財富掌握在民間的手中，被視為是危險的透過非農手段致富的百姓都是異類。事實上，國家對財富的壟斷往往造成「國富民窮」，即使是盛世，普通老百姓的生活也是貧困的。下層百姓努力追求財富，無可厚非；富裕起來的百姓，希望能夠保住家產，同時希望用手裡的錢去賺更多的錢，也在情理之中。這就是每個家族的奮鬥歷史，社會就是由這麼一個個奮鬥史推動發展的。

規則公正：
科舉冒籍案與公正問題

　　嘉慶十年和十一年（西元 1805 年、1806 年）的直隸鄉試，直隸河間府吳橋縣的吳日鍘遇到了麻煩事。吳日鍘去縣裡考試的時候，生員段元魁、王中植等人攻擊他「冒籍」，吵鬧到直隸學政那裡，學政發文到縣學要求扣住吳日鍘。吳橋縣學訓導王樾蔭於是不讓他考試。

　　何謂「冒籍」？顧名思義就是考生冒充籍貫，參加科舉考試。科舉考試是按照縣為單位展開第一輪錄取的。早在宋朝的時候，朝廷為了照顧邊遠和落後地區，在科舉錄取名額上給予它們更高的錄取比例。其他地區一些「聰明」的考生就以各種名義「移民」到這些容易被錄取的地區參加科舉，考後即走。此舉引發了當地考生的不滿，也違背了政策的本意，因此冒籍的考生會被剝奪考試資格；即使考中了被發現也要取消功名，再行治罪。

　　卻說吳日鍘不甘心束手就擒，稱自己是冤枉的，旋即以縣學訓導王樾蔭剝奪自己「考試權」為名向河間府控告；王中植等人則向直隸學政控告吳日鍘。

　　府縣調查的結果是吳日鍘的確是冤枉的。吳家祖居吳橋縣拓圍鎮，該鎮後撥歸山東德州管轄，吳日鍘的祖父吳毓濰即在德州入學。後來因

為吳家墳墓都在吳橋縣境內，吳毓濰搬回吳橋境內居住。吳毓濰的兒子吳應麟在嘉慶二年（西元 1797 年）呈明官府，仍歸吳橋縣原籍考試入學。因此，吳日鉥應歸吳橋縣考試，不算冒籍。

雖然錯過了本次鄉試，吳日鉥心想，總算了結了一樁懸案，便於以後考試。

沒想到，這僅僅掀開了「吳日鉥冒籍」事件的序幕而已。

嘉慶十二年（西元 1807 年），訓導王樾蔭赴京，回任路過河間。吳日鉥的姑父魏如愚擔心王樾蔭再刁難吳日鉥，就託人向王樾蔭照顧。王樾蔭答應放吳日鉥入學，吳家人「重謝而散」。可就在當年十二月，吳日鉥赴縣裡應考的時候，又有吳景唐等人指認吳日鉥是山東德州衛軍籍，不能參加本縣鄉試。事情鬧到官府，吳景唐奇蹟般地「悔過銷案」。

吳景唐既然知道吳日鉥冒籍一事已經有了定論，為什麼還要舊事重提呢？

科舉發展到清朝，冒籍已經成為了一大頑疾。官府查之甚嚴。為杜絕冒籍，清朝制定了嚴格的政策，規定考生必須先到本州縣的禮房報名，如實填寫姓名、籍貫、年齡、三代履歷等，並找鄰里來證明所填內容屬實。同時，報考考生要五人互保，還需找本縣沒有參加考試的另一名學生開具保結。這就將科舉的報名流程變得嚴謹、無懈可擊。那麼，如果是正常的籍貫變更，考生如何投考呢？考生加入某地籍貫的標準是：祖父、父親入當地籍在二十年以上，墳墓、田宅都確有實據。可惜，墳墓和田宅都是死的，人是活的，為了更有效地找出冒籍者，發明了「審音制度」，就是考試進入考場前要核對口音。用方言口音來判斷考生是否為本州縣人的確很有效。一直到 20 世紀初，都還設有「審音御史」。

即使是這樣，也沒能完全杜絕冒籍現象。政府在頭痛之餘，對冒籍

者深惡痛絕，直至開出終身禁考的重罰。對於協助冒籍和監管不力的官員，同罪處理。

吳景唐也是考生，自然深諳此道。他就是要藉此不讓吳日銅考試。科舉是讀書人的機會，可清白的人一旦被查就要被暫停科舉資格，即使最後安然無恙，機會也喪失了。吳景唐第二次破壞了吳日銅的鄉試。

冒籍問題已然成了考生之間相互攻擊、惡性競爭的「王牌工具」了。

嘉慶十三年（西元 1808 年）五月，吳日銅終於被送到河間府考試。誰想，進考場前又被考生季培等人指出有冒籍官司在身，能否考試要「赴學請示」。

收了吳家好處的王樾蔭這時竟然要將吳日銅扣考。魏如愚趕緊又找人說和，許給王樾蔭白銀一千兩。王樾蔭就又同意吳日銅考試。又有吳日銅的族人拜託季培不要出頭阻考，送給季培京錢，季培收下了。但季培拿了錢就反悔了，以吳家行賄的名義提出控告，吳家則以季培訛詐反告。官司拖到十月臨近考試，王樾蔭仍不將吳日銅送考。魏如愚第三次向王樾蔭請託，送京錢八百千，求其送考。這次王樾蔭不肯收受，魏如愚與他翻臉，提出控告。三案齊發，釀成了嘉慶年間著名的冒籍案。

最後經直隸總督溫承惠會同學政吳芳貽聯合審定，相關人員剝奪功名、罰錢流放，案件方才了結，各方都被打了板子，沒有一個人是勝利者。

「吳日銅冒籍」事件僅僅是上千年來諸多冒籍事件之一。早在宋代，冒籍現象就已出現，尤其是東南地區的士子經常移籍到容易考取的河北等地。發展到清朝，東南各省文風日盛，科舉競爭激烈，許多考生紛紛「移民」臺灣、貴州、雲南、甘肅等地考試。即使在一省之內，「冒籍」現象也存在。比如康熙九年（西元 1670 年），浙江巡撫範承謨稱：「浙

江臺州、溫州、處州等地，多有杭州等地士子冒籍入學，致使本地儒童取中者只占十分之一二。」科舉冒籍的壞處是顯而易見的。首先是對移入地的考生不公平，他們錄取的機會被陌生人給占了；其次是對移出地的其他考生不公平，關係到無數讀書人和其家庭命運的科舉制度的公正性，就此受到了懷疑。

科舉制度在隋朝的時候，受到了一致好評。因為它解決了公正問題。「公正」永遠是一個社會最稀缺的資源之一。在與個人利益乃至命運息息相關的人事錄用問題上，公正尤其難得。

在隋朝之前，有舉薦、徵辟和特任等等人才錄用形式，可標準只有一個：人際關係。誰是官宦子弟，誰跟上頭的人熟，誰就能得到官府的任命狀。王羲之的兒子王獻之連自己的工作是什麼都不知道，卻擔任了參軍。為什麼？因為他有一個好爸爸、好爺爺、好曾爺爺，因為他出身琅琊王家。如果我們把公正分為兩個層次：本質的公正和規則的公正，那麼隋朝之前的所有人才錄用制度，無論是本質上還是操作規則上都是不公正的。而科舉的發明將錄取的標準簡化成一個：才能。大家都在同一個時間、同一個地點做同一份試卷，匿名評審，誰得分高，就錄取誰。這就極大解決了不公正問題，讓所有人都能公平競爭。必須承認，科舉是一個從本質上希望實現公正的制度，並擁有一套完備的追求公正的規則。

「本質的公正」需要人來執行，需要「規則的公正」來保障。任何制度想法都需要落實到具體規則上。再公正的設想在實踐中也會遇到問題。科舉遇到的最大問題就是疆域太大了，不可能對全天下的讀書人進行同時同地的選拔。假設某一次科舉考生有十萬人，朝廷上哪兒找一個能容納十萬人同時考試的場地！（真實的考生人數更多）所以，科舉要

保證絕對的公正就不可能了。實施的官員即便再公正，人性的偏見、先入為主等等弱點都是不可避免的。於是，問題就出現了。比如唐朝時祖籍山西太原的白居易，還沒考試就早早來到長安，將自己的詩稿到處送給官員和名流「批評指導」，「虛心」求教聽取意見。還有的考生，考前寫詩給考官或者考官的同僚，詢問「畫眉深淺入時無」，表面看是情詩，實際上是在問自己本場考試有沒有戲。這還算是比較文雅的，直接塞錢送女人等上不了臺面的把戲就更多了。

當人們發現，只要在「籍貫」做一個小小改動，就能獲得幾倍甚至幾十倍成功的希望，何樂而不為呢？白居易祖籍山西太原，生於河南新鄭，硬說自己是安徽宣城人，在皖南山區參加鄉試取得了代表安徽進京複試的機會，最後中了進士。

那麼能否透過規則的設計，完全杜絕此類現象呢？

科舉時代就在討論如何完全杜絕「冒籍」現象。當時的結論是，在教育發展不平衡的情況下，需要給特定區域錄取照顧，因此「冒籍」現象不能完全杜絕。

洪承疇降清：

讀書人做點事真難

　　順治二年（西元 1645 年）閏六月，大學士洪承疇轉任「招討南方總督軍務大學士」，前往南京。此時，南明弘光政權剛剛覆滅，江南硝煙未滅，洪承疇此行的目的就是招撫東南各地。

　　南京監牢中關押著一個叫沈百五的普通老人，罪名是反清。洪承疇上任後，便親自帶著禮物去牢房中探訪沈百五。由於反清被捕入獄的人不計其數，以洪承疇的身分為什麼對一個行將入土的老頭如此禮遇呢？原來這個沈百五沒有權勢也沒有聲望，但對洪承疇有恩。

　　幾十年前，沈百五曾在一家客店中遇到過貧困不堪的洪承疇。當時洪承疇只有十幾歲，衣衫襤褸、飢腸轆轆。沈百五卻認為眼前這個孩子氣質非凡，日後會成為朝廷的棟梁之材 —— 沈百五心中的朝廷自然是大明王朝。他不但供給洪承疇衣食，還熱情邀請洪承疇到自己家裡做客。洪承疇感恩戴德，尊稱沈百五為伯父，中舉做官後還有書信往來。如今見沈百五做了階下囚，洪承疇趕緊過來相救。

　　牢房中，沈百五身形憔悴、雙目失明，癱坐在地上，洪承疇悲從心來，上前就抱住沈百五哭泣。沈百五故意裝作不認識來人，說：「我眼睛瞎了，你是誰？」洪承疇回答：「小姪是洪承疇，伯父記得嗎？」不想，

沈百五破口大罵：「洪公受朝廷厚恩，早已殉國了！你是什麼奸人？」洪承疇尷尬地聽著，小聲勸沈百五歸順清朝，出獄安享晚年。沈百五罵得更凶了，一口一個「奸賊」，質問洪承疇為什麼要陷自己於「不義」。洪承疇見沈百五無心歸順，只好默默走開了。沈百五隨即被殺。

這只是洪承疇在南京遭遇尷尬的開始。人們普遍排斥洪承疇。每一次審訊或者招降，他不是無果而終就是被挖苦痛罵。洪承疇審問抗清兵敗被俘的夏完淳時，十六歲的夏完淳對滿堂官吏說：「我從小聽說我朝有個洪亨九（洪承疇字）先生，忠君報國，在松山以身殉國，震驚中外。我欽佩他的忠烈，立誓以身報國，不落在洪先生的後面。」這番話讓洪承疇無言以對。有個隨從以為夏完淳不認識洪承疇，指點說堂上坐著的正是亨九先生。夏完淳趁機指著洪承疇的鼻子，大罵起來：「洪先生為國犧牲，天下人人皆知。先帝親自設祭，滿朝痛哭哀悼。堂上的奸賊怎敢冒充先烈，汙辱忠魂！」還有一次，洪承疇審問吳中義軍首領孫兆奎。之前，清軍攻破揚州時沒有找到督師史可法的屍體，社會上一直流傳「史可法未死」。所以洪問孫之前在明軍中，知道在揚州守城的史可法是否真的戰死了。孫兆奎反問洪承疇之前在北方，知道在松山殉國的洪承疇是否真的殉國了。洪承疇再次啞口無言。

南明隆武朝大學士黃道周在江西堅持抗清，被俘後押解到南京。洪承疇親自前往勸降，走到囚室面前，看到黃道周手書的一副楹聯：

> 史筆流芳，雖未成名終可法；
> 洪恩浩蕩，不能報國反成仇。

對聯用諧音嵌字的方法，暗藏「史可法忠」、「洪承疇反」。這代表了當時社會對洪承疇和史可法兩個明朝大學士的普遍看法。

身為投降清朝、為清朝充當馬前卒的前明大學士，洪承疇在南方關係盤根錯節，聲望猶存，應該是招撫東南的理想人選。不想，江南士人根本不承認洪承疇的存在。他們更希望「洪承疇」已經死了，是一個停留在史冊上的光輝名字。洪承疇早年的學生金正希跑到南京來看望老師，說寫了篇文章請老師指點。洪承疇滿心煩惱，無心斟酌文章，藉口眼睛有病不想看。金正希堅持要讀給老師聽。於是，他當眾展開書卷，高聲朗誦起了上一年上吊殉國的崇禎皇帝為洪承疇寫的悼詞〈悼洪經略文〉。頓時，滿堂皆驚。侍衛清兵慌忙衝進來把金正希關入死牢。大堂之上，聽著擲地有聲的文字和舊日學生的呼喊，洪承疇彷彿回到了自己的前半生，又變回了那個東征西討的明朝大臣。

洪承疇出生於貧寒人家，小時候輟學在家幫忙維持生計。每天天剛濛濛亮，洪承疇就開始走街串巷叫賣。與一般農家少年不同的是，洪承疇常趴在村學的窗子上聽課，自學學會了做對子。村學先生發現洪承疇好學，免費收他為徒。重返校門後，洪承疇除了科舉課業成績優異，還讀了大量經世致用的書，從小表現出治國平天下的抱負。這在僵化庸碌的晚明鄉村，難能可貴。先生給了他「家駒千里，國石萬鈞」的評語。

萬曆四十三年（西元 1615 年），二十三歲的洪承疇中舉，次年殿試得二甲第十四名，賜進士出身，正式進入官場。

從萬曆到天啟年間，洪承疇過著按部就班的生活，默默無聞。崇禎皇帝即位後，洪承疇開始迅速崛起。崇禎皇帝對洪承疇有著知遇大恩。事情的起因是從崇禎元年（西元 1628 年）起，陝西爆發了高迎祥、張獻忠、李自成等人的起義，上百支起義軍此起彼伏，震驚朝野。天啟七年

（西元 1627 年），洪承疇剛剛升陝西督道參議，來到此地。崇禎二年（西元 1629 年），起義軍進攻韓城，時任三邊總督楊鶴無將可調，病急亂投醫，讓洪承疇領兵出戰。不想，洪承疇大敗起義軍，解了韓城之圍，名聲大噪。之後，洪承疇被擢升為延綏巡撫，開始大展拳腳。他鎮壓了陝西的起義。楊鶴對起義軍奉行「招撫政策」，洪承疇則反其道而行，大力清剿，殺人無數，得名「洪瘋子」。洪瘋子令人髮指的做法是連投降的人照殺不誤。他的解釋是，起義軍常在力竭之時詐降，養精蓄銳後再反，明朝多次剿而無功就是對起義軍太仁慈了。洪承疇的做法效果顯著，因功繼楊鶴之後升任總督。他集中兵力，全力清剿起義軍，取得「西澳大捷」，扭轉明軍頹勢。崇禎七年（西元 1634 年），崇禎皇帝讓洪承疇在三邊總督基礎上加太子太保、兵部尚書銜，總督河南、山西、陝西、湖廣、四川五省軍務，將關內的軍事大權託付給他。洪承疇不負皇恩，接連取得鎮壓起義的勝利，俘殺高迎祥，多次打敗李自成。李自成最後僅帶十八騎逃入陝南商洛山中。

至此，洪承疇成了明朝的棟梁和崇禎的股肱之臣。

所以當關外清軍奪關南下，掃蕩京師的時候，崇禎皇帝和大臣們首先想到的就是調洪承疇來主持對清軍作戰。於是，洪承疇從陝西風塵僕僕來到北方，任薊遼總督，主持遼東軍務，指揮帳下八位總兵官的十三萬精兵。當時，明軍和清軍圍繞山海關和錦州地區展開激烈爭奪。清軍一旦占領此地，就開啟了進軍北京滅亡明朝的大門。可以說，朝野把王朝的安危寄託在了洪承疇的身上。崇禎十四年（西元 1641 年）年初，清軍主力圍攻錦州，錦州守將祖大壽告急。洪承疇率軍迎戰。決定明清命運的大會戰在錦州城下爆發。

洪承疇作戰思路非常明確，就是穩紮穩打、緩慢逼近錦州。因為一

方面是敵攻我守，明軍適宜步步為營，見招拆招；另一方面是洪承疇軍隊來自各地，內部存在複雜的協調和平衡的問題，不適宜大兵團集體作戰。他的這一思路起初獲得了崇禎皇帝的首肯，也因為這一思路挫敗了清軍的主動進攻。在取得初步成績後，好大喜功又生性多疑的崇禎皇帝聽信新任兵部尚書陳新甲的急戰意見，下令洪承疇迅速進攻，尋找清軍決戰。陳新甲還派出監軍到前線督促洪承疇速戰速決。洪承疇迫不得已，只好督率大軍前進。皇太極得報，傾全國之力，繞開明軍主力，進攻後方塔山，切斷了明軍的糧草供應。明軍軍心動搖。各部總兵官主張撤退，洪承疇和大家商定共同突圍。不想，諸將去意已決，違犯軍令，爭相撤軍。先是大同總兵王樸連夜率部逃跑，接著馬科、吳三桂二部跟著逃難。清軍趁機追殺，十幾萬明軍土崩瓦解，五萬多人被殺，自相踐踏而死和跳海而死的不計其數。這場主力會戰以明朝的慘敗告終。

洪承疇率領萬餘殘兵敗將逃入松山城，被清軍團團圍住。此後半年，洪承疇組織的突圍無一成功，而外線明朝援軍畏戰，不敢救援。松山彈盡糧絕，清軍在降將的配合下一舉攻破城池，洪承疇被俘。被圍更久的錦州明軍在祖大壽率領下投降清軍。從此，明朝失去了遼東，無力對清軍再戰。

噩耗傳來，朝野震驚。大臣們都以為洪承疇必死無疑，崇禎皇帝極為悲痛，輟朝三日，以王侯規格祭祀洪承疇，「予祭十六壇」，七日一壇，並親自致祭，頒布〈悼洪經略文〉昭告天下。洪承疇得到了人臣所能得到的最大的哀榮。儘管洪承疇要對遼東戰敗負責，但朝野臣工開始並沒有追究、指責他。相反，陳新甲和前線監軍等人被彈劾要對戰敗負責。然而，祭到第九壇時，更大的噩耗傳來：洪承疇降清了！明朝趕緊停止對洪承疇的祭祀，改為討伐鞭撻。

　　洪承疇降清為明朝社會接受不了的，除了「屈身事蠻夷」一點外，是他辜負了皇上的厚恩和朝野對他的期望，沒有以身殉國，更是他降敵賣國，於名節有虧。

　　黃道周就義前，撕破衣襟留下血書：「綱常千古；節義千秋。」儒家的綱常倫理和個人的名節忠義，是歷史評價一個人物的標準。黃道周力撐危局，慷慨赴義，名垂青史；而洪承疇既不能抗敵報國，又辜負了皇帝的厚恩和朝野的厚望，竟然叛國投敵，當然要遺臭萬年。問題是人們忽略了：洪承疇為什麼要降清？他降清後都做了些什麼？

　　洪承疇是經過掙扎才投降清朝的。他儒學根底深厚，自然知道綱常倫理，重視個人名節。被俘之初，洪承疇不發一言，對來勸降的人閉目不見，只求速死。求死和求降的轉變是怎麼完成的呢？比洪承疇早降清的漢人范文程抓住了洪的心理 ── 這個范文程是范仲淹的後裔，當初主動投奔清朝，引起了大明朝野不小的騷動。范文程來勸降的時候，洪承疇根本就不看他，閉目養神。范文程也沒想一次就能勸降洪承疇，絲毫不提招降之事，反而和洪承疇大談詩書典籍。洪承疇久居兵戎，又身陷塞外，竟然聽到儒家典籍，耳目一新，和范文程相談甚歡。談話間，房梁上落下來一塊燕泥，正掉在洪承疇的衣服上。洪承疇一面說話，一面輕輕地把它拍掉。范文程看在眼裡，不動聲色，回去奏報皇太極：「洪承疇不死矣。承疇對敝袍猶愛惜若此，況其身耶？」

　　的確，洪承疇並沒有必死之心。他對人世有深深的留戀。從小，洪承疇就立志要治國平天下，從政後非常有事業心。他辦事務實狠辣，涉獵廣闊。被俘時，洪承疇五十歲，身體還很好，能力卓越，經驗豐富，正處於迎接事業新輝煌的關鍵時刻，原本想著要做出一番事業，突然成了階下囚，洪承疇不甘心。

　　皇太極很贊同范文程對洪承疇的判斷，對洪承疇的恩遇更加優厚，希望招降為己所用。良禽擇木而棲。崇禎和皇太極相比，崇禎乖戾多動、政無定法、吝嗇多疑，極不成熟；皇太極則穩重厚道，文韜武略遠在崇禎之上，他統率的清王朝朝氣蓬勃，正處於茁壯成長時期。回想崇禎皇帝治下明朝臣子的遭遇（比如袁崇煥、孫傳庭），再看看皇太極治下清朝百官的狀態和前途，洪承疇的天平開始朝皇太極和清朝傾斜了。直到有一天，皇太極見洪承疇衣服單薄，當即脫下身上的貂裘披在洪承疇的身上，洪承疇大受感動。他有治國平天下的能力和經驗，就缺少需要皇帝支持的「天時」了，當即表示歸順大清。皇太極喜出望外，宣布找到了平定天下的嚮導。

　　洪承疇對於清朝統一天下，的確造成了領導的作用。西元 1644 年，李自成進攻北京城，執政清朝的多爾袞率軍十萬大舉南下，意在趁火打劫。走到遼河，李自成攻占北京、崇禎皇帝自縊的消息傳來，洪承疇馬上建議改變行軍方案，從薊州、密雲出其不意，直趨北京。清朝採納洪承疇的建議，定下了取代明朝一統江山的大方針。在進軍途中，洪承疇又建議清軍，「不屠人民，不焚廬舍，不掠財物」，「布告各府縣，開門歸降，官則加升，軍民秋毫無犯。若抗拒絕服，城下之日，官吏悉誅，百姓仍予安全。有首倡內應者，破格封賞」。他的建議被再次採納了，並且達到了很好的效果。所過州縣和沿途明朝部隊大多主動歸順。清朝入主後，洪承疇又推動清朝沿襲明朝的典章制度，舉薦許多明朝官吏，他還建議滿族權貴學習漢族語言文字，了解漢人禮俗，提倡儒家學說，淡化滿漢民族差異。清王朝能夠快速平定北方，取代明朝，洪承疇在其中居功甚偉。順治皇帝非常器重洪承疇，以洪承疇仕明時的原職任命他為太子太保、兵部尚書兼都察院右都御史，入內院佐理軍務，授祕書院大學士。

順治二年（西元 1645 年），豫親王多鐸攻占南京，消滅南明弘光政權。多爾袞在南方悍然推動剃髮，反對者殺無赦，激起南方抗清浪潮。洪承疇在危難之際受命取代多鐸，坐鎮南京，招撫東南各地。儘管遭到了挖苦謾罵，洪承疇依然取得了傑出的政績。他以原官留任為條件，和平招降了寧國、徽州、九江、南昌等十三府，讓大片地區遠離戰火；採取了一系列免賦興利、減輕百姓負擔的措施，盡量恢復生產，安定秩序。順治十年（西元 1653 年），洪承疇又一次受命經略湖廣、廣東、廣西、雲南、貴州五省，總督軍務。清軍平定雲南後，洪承疇力主放緩軍事行動，招撫百姓恢復生產，使雲貴地區逐漸安定下來。孫中山先生從保全地方、安定社會的角度，曾寫詩讚譽洪承疇：「生靈不塗炭，功高誰不知。」

總之，洪承疇降清後輔助政務，招撫南方，長達十六年，對明末清初的社會順利變革有很大的功勞。他降清之後的政績遠遠超過了在明朝鎮壓反叛軍的政績，是他實現抱負施展才華最輝煌的成就。

後人往往用一個歷史人物的作為對後代產生的客觀影響來褒貶他的價值，其中有不合理的地方。因為這忽視了歷史人物所作所為對當時產生的影響。從這點出發，洪承疇的作為對後世產生了積極的客觀影響，但叛國降敵在「當時」產生的消極影響應該考慮在內。筆者無意為洪承疇翻案，只想跳出「後世」與「當時」孰輕孰重的邏輯之外，談談讀書人的政治作為問題。

讀書人肚子裡的的知識和才華，只有透過實踐才能展現出來，同樣，只有把知識才華運用到具體實踐上，讀書人才能施展抱負、展現價值。而儒家學問是積極入世的學問，深諳其道的讀書人更是希望齊家治國、兼濟天下。所以古代讀書人都面臨一個入世當官的問題。說白了這就是一個知識分子如何與權力互相結合實現自我價值的問題。

　　只有牢固掌握了權力，讀書人才能從容施展才華，貫徹意志，因此能辦事和辦好事的前提不再僅僅是擁有滿腹經綸，洪承疇的例子就很明顯。他為什麼在萬曆和天啟朝默默無聞，就是因為沒有引起朝野和皇帝的注意，官職低微；他能夠貫徹自己的意志，大力清剿反叛軍，前提也是崇禎皇帝賦予了他總督各省兵馬的大權；他在清朝的政績遠遠超越在明朝的政績，除了混亂局勢提供了施展才華的舞臺外，主要的還是多爾袞和順治皇帝兩代的寵信。洪承疇是個務實的人，在政治上野心勃勃，所以寧願名節有虧，承擔千夫所指的風險，也要投奔一個信任自己、能給自己施展長才的光明前途。

　　慷慨赴死不容易，找到適合自己的舞臺、做出一點成績同樣不容易。

　　明末讀書人熱衷黨爭，黨同伐異之風一直持續到南明也沒有停止。洪承疇相比那些空談綱常倫理實則誤國禍民的讀書人，孰高孰低？

　　洪承疇的遭遇在中國歷史上並非特例，而是一個相當普遍的歷史現象。許多人有經世濟民之志，為了實現志向和權力緊密結合，卻不為人理解。比如張居正，為了改革江河日下的明朝政務，和內廷太監馮保親密合作，提攜改革同輩，大刀闊斧革新政治。張居正的改革取得了實效，但他勾結太監的做法直接傷害了朝廷的體制，任命親黨的做法更是為人詬病。張居正生前死後，都面臨指責，最後落得抄家的悲慘下場。說到結黨營私，更明顯的是北宋改革家王安石。王安石為了推行改革，採取了兩條「不透亮」的權力手段：一條是曲意迎合皇帝，一條是任用新黨排斥舊黨。但是皇帝的改革意志既符合王安石的思想，又能給他帶來巨大的權力，設身處地為王安石著想，他是迎合呢還是拒絕呢？至於結黨營私，既然舊黨強烈譴責王安石改革，拒絕合作，王安石如何在朝

廷立足，又如何推進改革？說到遭受譴責最多、名聲最差的歷史人物，五代時期的馮道可能是其中一個。馮道被諷刺為「政壇不倒翁」，在皇帝換來換去的情況下能夠保持官位。然而，除了馮道的軟弱和沒骨氣，後人找不出他有什麼負面的作為。相反，馮道在亂世中設法保全了大批朝野官員，為減輕中原的殺戮和動盪做出了貢獻。試想，馮道找一個地方隱居，著書立說，去批評亂世，並非難事 —— 這恰恰是批評馮道的許多讀書人在亂世做的事。但那樣他的能力和學識就荒廢了，而朝代頻繁更迭的中原，亂象會增加幾分。歷史人物是複雜的，對於馮道、王安石、張居正這樣的人，單純的指責是不對的。

可惜，人們習慣於用「忠與奸」、「好與壞」的兩極化標準來評價歷史人物。在這種標準下，歷史人物要麼是忠臣要麼就是奸賊，要麼是忠君要麼就是賣國。洪承疇曾為感激崇禎皇帝的寵信，寫了副對聯貼在廳堂上：「君恩深似海，臣節重如山。」降清後，有人將這副對聯各加一字：「君恩深似海矣！臣節重如山乎？」在改對聯的這個人的心目中，皇帝對你有恩，你就要誓死報效。可是，「君恩」也好，「臣節」也罷，哪是簡單的一兩句話能說清的？

簡單化的評價標準讓洪承疇的最後歲月都籠罩在屈辱和尷尬之中。他入清後曾回鄉省親，在泉州建造府第。洪府落成後，沒有一個親友、故舊上門。洪承疇的母親和弟弟洪承畯都拒絕入住。洪承畯痛感國家滅亡、兄長投敵，發誓「頭不戴清朝天，腳不踏清朝地」，偕母親避居船上，泛江隱居。順治十六年（西元 1659 年），心力交瘁的洪承疇年老體衰、目疾加劇，第二年正月解任回京。

最尷尬的是，洪承疇既受到明朝遺民的強烈排斥，也沒有真正被清朝接受。入關之初，洪承疇建議滿族權貴漢化，學習儒家禮儀。而漢化

了的滿族人接受了儒家的綱常倫理，也像明朝朝野一樣認為洪承疇名節有虧、不忠不孝了。洪承疇鎮撫南方凱旋迴京養老，如何安置他就成了朝廷的一大難題。沒有預想中的封賞，也沒有貼心地安撫，朝野用怪異的目光注視著年邁的洪承疇走回朝堂。

洪承疇在清朝經歷了皇太極、多爾袞、順治和康熙四個時期。皇太極只是將洪承疇當作顧問而已，並未真正重用；多爾袞和順治兩人真正重用洪承疇，但也沒讓他進入決策層。西元 1661 年，順治皇帝駕崩，其子康熙繼位。四大滿族大臣分割了輔政大權。而洪承疇已到古稀之年，頂著大學士的空頭銜，備受冷落，不得不奏請退休。像洪承疇這樣重要的人物退休，朝廷必須對他的功勞有所酬謝。經過幾番討論，康熙皇帝授以洪承疇微不足道的三等輕車都尉世襲職銜。洪承疇犧牲名節、效力二十年、幾經大戰引導清朝坐穩江山，只換來了小小的輕車都尉，恰好又給譴責他的人提供了挖苦諷刺的新內容。

康熙四年（西元 1665 年），洪承疇去世，享年 73 歲。清朝追贈少師，諡號文襄。此時，洪承疇在清朝官方文獻中的地位起碼還是正面的。到了乾隆時期，滿族權貴已經完全漢化了，各地漢人的反清情緒漸漸平息，滿漢思想文化開始交融。乾隆皇帝以儒家聖賢後裔和華夏共主自居，與漢族文人相唱和，開始褒揚史可法、黃道周等忠君愛國的榜樣。洪承疇「叛明」的汙點開始掩蓋「效清」的功績，形象顛倒了過來。清朝將洪承疇列入《貳臣傳》，只是念其功大列為甲等貳臣。

罪犯的救贖：
美國外交官眼中的晚清司法腐敗

　　美國傳教士何天爵西元 1869 年來到中國，兩年後進入美國駐華使館擔任外交官，直至出任署理公使。何天爵在外交官生涯中，參與了諸多外事案件的審理，見識了形形色色的司法奇觀。

　　某天正午，一個美國人在大庭廣眾之下遭到毆打。官府抓捕了七個有嫌疑的採煤工人，告他們企圖攻擊外國人。美國公使館覺得案情重大、影響惡劣，特派何天爵會同一位「受人尊敬的、和眉善目的、年近古稀」的清朝官員共同審理嫌疑犯。

　　詢問了嫌疑犯的姓名之後，那名清朝官員選擇其中一名嫌疑犯，用家人聊天一樣的語氣說：「現在，你把整件事情告訴我們。你為什麼要攻擊美國人？把全部實情都講出來吧。」

　　「大老爺，我沒有打那外國人啊。」那人說道，「我當時並不在那兒，我是個老實本分的老百姓。我發誓，我從來沒有打過那個美國人。」

　　「原來是這樣啊，本官知道了。」清朝官員施展出一套令人眼花撩亂的說辭，先是肯定礦工是「善良百姓」，「連小孩子都不會傷害；但是，是什麼促使你去攻擊美國人呢？」再搬出孔子來，「四海之內皆兄弟。為什麼你要傷害遠道而來的兄弟呢？」緊接著威逼利誘，「我們對你做的事

掌握得一清二楚，如果你招供了，大家都省去麻煩」，「當然了，你並沒有傷害他人。但或許你只是想找點樂子，你可能被人教唆說只要在大街上打了外國人或者給他惹上麻煩，外國人就會離開我們這裡，再也不會回來了。」最後，那名老法官指指坐在一旁的何天爵，說：「你看看坐在我旁邊的這位大人，這位美國老爺。他專門為此案從京城遠道而來。他早就了解了全部實情，正是他告訴衙門你的名字，我們才將你逮起來的。我得按照美國老爺的要求審理這案子。」他壓低聲音，似乎要給礦工開後門：「你可以從美國老爺的臉上看出，他是位好心腸的老爺。你趕快把全部實情告訴我，我勸他不要為難你了，說不定還會將你無罪開釋。美國老爺還急著趕回京城呢，大人答應，如果我們能在今天將這件案子處理完了，他明天就請我吃飯。你不會耽誤美國老爺的事情，讓他不方便吧？美國人可對所有的事情瞭如指掌的。不要讓他不高興了，現在，你快快招了吧。」

就這樣，何天爵驚訝地看著身邊的老法官喋喋不休地說了一個多小時，對被告礦工反覆盤問、觀察、說服。可憐的礦工一有機會就重申自己是無辜的，只是語氣越來越微弱，越來越缺乏底氣。最後，那名礦工說：「我，我並沒有像其他人那樣重重地打了那人。」

於是老法官立即發問道：「那就是說你的確打了美國人！好了，現在，快從實招來。」

鬆了口後，那礦工招供說：「我交代，我全都交代。當時人很多，我可能猛地推了那人一把。」

「這就對了。」，「我就知道是你做的。現在老實交代了，總是好事。」他轉向何天爵，問道：「您看，應該怎麼處罰這個人呢？」何天爵向他建議了一條處罰，那官員馬上示意執行。其他被告也隨即供認了自己的罪行。

　　如果說這起襲擊未遂案的審理帶有濃厚的中國特色、情有可原的話，那麼下面這個案子的審理在美國人看來，就難以理解了。西元 1873 年冬天，兩個美國人和工頭因為工程與款項的問題鬧上法庭。何天爵又擔任美方代表參加審案。

　　審理此案最大的問題在於原告和被告在法庭上應該保持怎麼樣的姿態。

　　何天爵要求所有人都坐著審判。清朝官員極其震驚，認為上堂都是手腳著地跪在堂前聽候審判的，清朝官員堅持法庭威嚴，何天爵堅持美國的司法方式。僵持不下間，何天爵的清朝同事把他拉到一邊，悄悄說，如果允許工頭或者美國人坐在堂上，在場的大小官員都會遭到譏諷，他本人可能會被開除。何天爵看看在場的其他清朝官員，他們都贊同地點點頭。何天爵則解釋說，在美國，即使是十惡不赦的犯人也僅僅是被要求站著聽審，跪姿他難以接受。經過長時間地和激烈地討論，最後，何天爵和在場的每一個清朝官員都達成一致：工頭跪著聽審，兩個美國人站著聽審。

　　西元 1877 年 8 月，何天爵和福建按察使在福州審理了一起賄賂案。這案子給何天爵留下了深刻的印象，被他稱之為在華經歷的最骯髒的案子。首先，涉案的一名商人上堂時和福建按察使稱兄道弟，原來他早已經打通了關係。而在美國使館服務的翻譯被宣判有罪。但此案真正的受害者是三十名無知無辜的本地漁民。盛夏時節，這些人被關在極端炎熱、霍亂橫行的福州監獄裡，被毒打折磨。何天爵只見到其中的二十三人，其中一個人還是被四個衙役像木頭一樣抬上法庭的。那人試圖手腳著地跪在地上，因為已經奄奄一息了，一頭栽倒在地上，最後不得不讓他仰面倒在地上接受審問。他的回答非常虛弱，喃喃自語，一次只能吐

出一兩個字。在審訊過程中，何天爵留意到這個人在他破爛的衣服裡摸索什麼東西，那似乎是摺疊的紙張，犯人手指縫隙中露出了紙張的一角。按察使的親隨立即衝上去，想奪過它。何天爵早就悄悄示意隨從下手。隨從搶先一步，搶過了紙張。紙張是向何天爵申請幫助和保護的陳情書，詳細記錄了案件背後的司法黑暗。七個夥伴死在監牢中，衙役們百般折磨，想從他們口中得到希望的供詞。

何天爵日後寫了本《中國人本色》（*The Real Chinamen*），書中專門提到了當時中國的司法制度。

理論上，清朝法庭是完全公平和開放的。「任何人如果對他人有抱怨、委屈、仇恨，無論白天深夜的任何時候，他都可以來法庭擊鼓鳴冤。接著，兼任法官的父母官必須依法在第一時間穿戴整齊，升堂審理案件。父母官們必須端坐在太師椅上，隨時聽取控訴雙方的申訴、意見，做出判斷，依法審判。法庭不能對原告被告進行絲毫恐嚇，有所偏袒，更不能接受任何好處，索取任何報酬。

然而清朝司法審判過程不透明，充滿暗箱操作。法律複雜，而普通民眾沒能力獨立訴訟，這就導致「訟師」階層的存在。「這些人沒有正式的地位，高級官員們曾一再譴責這些人的存在，皇帝也三令五申嚴禁訟師階層的出現。但是訟師們依然大量存在，在各處從事著自己的事業。」當具體的案件需要宣判的時候，訟師們的生意就開始了。他們檢查案宗，從以往的案例中找出相同的或者類似的案子作為新的審判的模型和參考。訟師們總能找到有利於自己的舊案。無論是原告還是被告，無論被告是無辜的或是有罪的，私下裡都得去「拜訪」訟師。訟師視禮物的輕重決定是否施以援手、援助到什麼程度。何天爵眼中的訟師殘忍貪婪，各個腰纏萬貫，富甲一方。除了訟師，衙門中的捕快、衙役、書

吏們也上下其手，賄賂腐敗。誰稍有怠慢就告誰對官府不敬，或者把誰抓到衙門裡關幾天再處理。而衙門裡既沒有陪審團又沒有完備的紀錄和檔案公開制度，任憑書吏們上下其手。

其次，審案官員被賦予了強大、不受制約的權力。他們可以合法地用各種手段從原被告和所有證人中獲取供詞，包括嚴刑逼供，打板子算是輕的，沒讓你皮開肉綻就算好了。「法官會在審判中途突然暫停，下令對堂下的人用竹板扇嘴巴，一直扇到嘴角流血。接著，法官會先警告受刑人如若再不從實招供，就會有大刑伺候，然後繼續審判。法官也可能懲罰證人在鏈條上跪好幾個時辰，或者將當事人用枷鎖套起來，或者在長時間裡限制當事人的吃飯喝水，甚至就完全不讓他們吃飯喝水。其他更嚴峻的刑罰或者被法律明確禁止的刑罰在一些情況下也照用不誤。」

為了政績，審案者往往只追求確保嫌疑犯低頭認罪。何天爵曾見證了被迫認罪的過程。「每人的雙手都被扭到背後，手腕被鞭子緊緊綁在一起。一根繩子拴住手腕的捆綁處，一頭繞過大樹的樹幹，把嫌疑犯懸空吊起來。這三個人在烈日下被吊晒了三個小時，被放下來的時候都已經不省人事了。他們的手臂已經與肩膀脫臼，手臂被曝晒得發黑流膿。他們被叫醒後再經受了嚴峻的拷問，但是依然否認偷竊指控。然而，這三人一被威脅要繼續遭受剛才的刑罰，都慌不及待地承認自己犯了偷竊罪。」

最後，我們來看看古代的監獄和發生在其中的黑暗。何天爵在華期間，美國興起了改善監獄條件、廢除酷刑運動，還成立了美國監獄改革協會（Prison ReformSociety）。何天爵指出，如果他的同事有機會考察中國的監獄，「那麼毫無疑問，即使是中華帝國最好的模範監獄也會使他們感到震驚」。「如果美國最差最受批評的監獄被搬到中華帝國的話，那麼

會有一半以上的罪犯和潛在的犯罪人口迫不急待地作奸犯科，以便能進入高牆內獲得一席之地。同時，裡面的犯人也會一再強調自己的罪行，要求加重處罰，以便在這座『最差』監獄內延長居留時間。」可見中國監獄條件之差。這還不是最重要的，監獄中的殘暴、恐怖和腐敗更讓人瞠目結舌。

清朝時，嫌疑人一般先進入衙門中三班衙役辦事的地方，俗稱「班房」。在這裡，衙役們就開始大肆凌虐、敲詐囚犯。嫌疑犯必須行賄五十吊錢才可以住有床鋪的大間；再花三十吊可以去掉鐵鏈；再多花二十吊，可以睡地下鋪，如果要睡高鋪又得三十吊。古代沒有「服刑」之說，法律正式規定的只有五種刑罰：笞刑、枷刑、烙刑、流刑、死刑。所以古代的監獄僅僅是用來關押證人、嫌疑犯和等待判決的犯人的場所，仍然是一個大的「看守所」。

何天爵特意提到有「殺威棍」的傳統，「法官在聽取和審判雙方的陳訴之前，首先要不分青紅皂白地將雙方打三十竹板殺威」。這個傳統歷史悠久。早在北宋徽宗年間，江州的牢頭戴宗就公開宣稱，所有新犯人都要向他塞錢，不然「殺威棍」伺候。即便名滿天下的宋江、武松等人當年也不能免俗。殺威棍的目的就是要新人接受監獄的遊戲規則，向既得利益者服軟進貢。再強壯的人，受了殺威棍之苦，至少也得一兩個月才能痊癒，弄不好還落下殘疾，逼你盡快適應監獄的新環境。如果新人不服，夏天就把你關在密不透風的小格子間裡不給水喝也不能睡覺，冬天他就罰你站在冰天雪地裡凍個三天三夜，至於三天一小打五天一大打則是家常便飯，如果死了大不了上報是「意外死亡」。

清代的方苞曾在康熙五十一年被關入刑部監獄，寫下《獄中雜記》記載刑部監獄人滿為患的狀況。嫌疑犯這麼多，並非刑部官員不用心

工作，相反是刑部各司的郎史、員外郎和小吏、典獄官、看守等人需要「創收」，關押的人越多越有利可圖，所以廣撒羅網牽連無辜，勒索錢財。

方苞看到每天都有三四個犯人死在獄中。同牢房的原洪洞縣令杜某說這還算好的，往年瘟疫每天都要死十幾個人呢。方苞問怎麼死的。杜縣令說，獄中通風不好，又不給犯人被褥，小房子裡擠進二百多人，犯人吃喝拉撒全在裡面，生存條件極為惡劣。常常是活人和死人一起躺著，一旦爆發傳染病後果不堪設想。有錢的嫌疑犯為了脫離地獄，肯定會讓家人趕緊湊錢讓自己出去或者上下打點，改善關押條件。而沒錢身體又不好的，很快就死在了獄中。

書中，方苞揭露了監獄內發生的一樁驚天奇聞。有兄弟二人被判斬立決。判決下來後，兩兄弟賄賂書吏一千兩銀子，書吏另寫了一份判詞，將兩個死囚的名字換成兩個沒有家屬和親戚的在押犯人，加封上奏時換下真的公文。事後，兩個替罪羊被處了死刑。他們無親無故，沒有人上告申訴，倒是主審法官發現了蹊蹺，但因為牽涉上下各級官吏，不敢追究，於是民不告官不究，此事平靜過關。方苞在獄中見到了那兩個兄弟，其他犯人告訴他：「此二人是用誰誰的命換來的腦袋。」

彰德秋操：

清王朝為民國舉辦的閱兵式

1906 年 10 月，秋高氣爽。

古代有在金秋時節閱兵的習慣，名為「秋操」。一來，金秋是收穫的季節，能給軍隊後勤提供充足的糧食；二來，戰馬到秋天長得體壯，正是檢閱和作戰的時候。這個習慣延續到了光緒末年檢閱新式陸軍的秋操中。當年，清政府選定河南彰德府檢閱新式陸軍的編練成果。

上一年，清政府舉行了「河間秋操」，但僅檢閱了北洋新軍。清廷特別邀請了各國駐華武官、記者和各省代表前往觀操，直隸總督袁世凱和北洋新軍得到了中外一致讚譽。本年，清廷擴大秋操規模，調湖北新軍第八鎮北上，混合河南新軍第二十九混成協組成南軍，由第八鎮統制（師長）張彪任總統官，暫編第二十一混成協協統（旅長）黎元洪為統制，與張懷芝統制的北洋新軍第五鎮和曹錕統領的第一混成協組成的北軍來場南北大對抗，由段祺瑞任北軍總統官。北軍駐安陽城南，南軍駐湯陰城北，全副近代武裝，計有馬、步、炮、工、輜重各兵種人員三萬三千餘人。

1906 年 10 月 21 日兩軍進入演習區域，翌日正式對壘。先由北軍總統官段祺瑞背誦演習總方略和特別方略。段祺瑞聲音洪朗，對章法熟

練。之後由南軍總統官張彪背誦。張彪由背後的參謀長念一句，他在前面背一句，樣子相當窘迫。下臺後，張彪自知不能勝任總統官，舉薦軍校科班畢業的黎元洪代替自己指揮南軍。演習正式開始後，百年不見烽火的大地炮聲隆隆，槍聲不斷，人喊馬嘶，塵土飛揚。新型砲兵、騎兵和步兵協同作戰，依次操練衝鋒戰、遭遇戰、防守戰。工兵忙著設雷、布雷、掃雷，輜重兵保障後勤。古老的大地見慣了冷兵器時代的金戈鐵馬，還是第一次見到現代武器的廝殺。

在表演環節，湖北新軍和黎元洪大出風頭。秋操前，人們普遍認為袁世凱編練的北洋新軍優於湖北新軍。秋操中，湖北新軍軍容嚴整，槍法精準，士氣高昂，被閱操大臣們讚為「東南各省首屈一指」。總統官黎元洪從容指揮，下達命令乾脆果斷，一下子從名不見經傳的普通軍官成為了南北矚目的名將。五年後武昌起義爆發，清朝陸軍大臣蔭昌率北洋軍南下鎮壓，樂觀地猜想：「武昌不過是烏合之眾，無人主持，此去不難撲滅。」袁世凱提醒他說：「亂軍以黎元洪為都督，何謂無人。」

但在真刀真槍的實戰環節，北洋新軍蓋過了湖北新軍。北洋軍由朝廷直接撥款，士兵普遍使用德國步槍，還配備了相當數量的火炮。相比之下，湖北新軍就遜色多了。日後風雲人物馮玉祥當時是北洋新軍曹錕部下的隊官，數十年後回憶彰德秋操的激烈場面說，北洋新軍由於在河間秋操中表現不佳，回駐地後加倍訓練，本次秋操北洋軍果然大有進步，隊伍展開後長官就命令迅速包抄南軍，將湖北新軍團團圍住。北洋軍端著槍就往前衝，馬上圈住了湖北新軍。湖北新軍也不怕近戰肉搏，針鋒相對。大家都沒有演習的經驗，真槍真炮地對了起來，眼看就要變成一場真實的戰鬥了。指揮官親自出面交涉，這才讓南北兩軍各歸原位。

　　負責秋操的閱兵大臣袁世凱和鐵良臨時決定，將計劃一週的演習在
25 日停止。南北兩軍舉行了聯合閱兵式，盡歡而散。

　　馮玉祥日後直言，彰德秋操沒有任何「戰術」意義，除了展示隊伍
外，本次秋操的實際成果很少。實際上，我們比較《馮玉祥回憶錄》中
有關河間秋操和彰德秋操的回憶，就會發現彰德秋操在軍隊建設上取得
了長足的進步。馮玉祥長篇累牘地抱怨河間秋操的後勤工作之差，「一
整天沒有吃飯，餓得肚裡轆轆作響，又加演習時背負極重，路上泥濘油
滑，士兵受的苦真是一言難盡」。近代軍隊的大規模調動和作戰，新軍上
下都只能摸著石頭邊探索邊過河。河間秋操時的一天，隊伍接到命令去
一個叫做東林寺的地方宿營。可事先沒有人調查東林寺能容納多少人。
結果只能住二營人的寺廟，遭到十營隊伍的哄搶。「隊伍糊里糊塗地開了
去，前頭大隊一到，屋子裡立時站滿，不到一刻，院子裡也滿了。後頭
的部隊越來越多，只因命令是住東林寺，於是不問青紅皂白，一直往裡
擁進去。裡面的幾乎要被擠死，外面的仍然拚命往裡擠。團長李進材被
擠到裡面，出不來，就爬到人群上，踏著人頭爬到牆上。」常常是「命令
一下，隊伍立時亂了起來。兵找不到官長，官長找不到兵。雨聲人聲，
滿街嘈雜，弄得天旋地轉，莫名究竟」。到彰德秋操時，各項工作都有
章可循，進展順利，秩序井然，大有進步。《續安陽縣誌》記載本次演習
「列陣數十里，錯綜變化，出奇制勝，極戰爭之能事。外賓作壁上觀者，
咸稱讚不置」。外國駐華使館官員和北洋新軍的德國、日本教官觀摩了彰
德秋操。10 月 25 日，袁世凱設宴招待演習將佐和觀操外國使節。彰德
秋操取得了圓滿的結果。

　　彰德秋操最大的看點不是編練齊整的新式軍隊，而是本次秋操聚集
了清末民初的大批風雲人物：練兵大臣袁世凱和鐵良擔任檢閱大臣，署

軍令司正使王士珍為演習總參議，軍學司正使馮國璋為南軍審判長，軍學司副使良弼為北軍審判長，徐世昌負責秋操參謀處。對陣的南北總統官黎元洪和段祺瑞自不必說了。

這些人雖然站在清朝的閱兵臺上，功名成就卻大多是在民國時期取得的。本次秋操匯聚了五位總統：袁世凱、黎元洪、馮國璋、徐世昌、曹錕。如果算上臨時執政的段祺瑞，那就是六位國家元首了。內閣總理、部長有幾十位，至於名將、軍閥更是數不勝數。外國媒體開始關注這些政治人物，將他們和背後的新軍一起看作新政治力量的代表。比如《泰晤士報》文章稱讚：「大清國一個握有實權的改革家，他的名字叫袁世凱。」

除了已經如雷貫耳的名字外，還有一些當時並不突出卻在日後顯赫一時的人物。比如北軍每天演習結束後都舉行總結講評。軍總參謀官、年僅26歲的留日士官生張紹曾當眾詰問第五鎮統制張懷芝，第五鎮來了多少人？留守的有多少人？有多少病號？多少輕病？多少重病？帳篷來了多少？馬匹來了多少？當時的參謀長地位很低，一般由熟悉軍事業務的年輕士官生擔任，輔助主官。結果張紹曾初生牛犢不怕虎，讓北洋老將張懷芝一句也答不上來，臉紅耳赤，只好說：「我記不得，請原諒。」馮玉祥事後「揭祕」說張懷芝以前在第五鎮任協統時張紹曾任協參謀長，張懷芝為了給張紹曾一個下馬威，就問他這一套，張紹曾說：「這些都有帳可查，請檢視帳目就知道了。」張懷芝就說：「你答不出，憑什麼當參謀長？」

張紹曾覺得無理可講，當即辭職走了，如今專門找機會刁難張懷芝。

1923年，張紹曾出任國務總理。

秋操中，各省都派來觀操員。編練新軍是全國性的行動，各省都有新軍編組計畫，只是落在北洋和湖北後面了而已，現在紛紛派年輕幹練的可造之材來考察取經。這中間又是青年才俊雲集。一天，袁世凱突然指派雲南來的一個24歲的下級軍官為秋操審判員。這個青年軍官名叫蔡鍔。袁世凱第一眼看到蔡鍔，就非常喜歡，想引為己用。

被袁世凱提拔為審判員的年輕人中還有一個浙江小夥子，叫蔣百里。這個蔣百里可不簡單，留學日本士官學校，以第一名的優異成績畢業，獲得日本明治天皇親賜指揮刀，轟動海內外。蔣百里回國後，馬上成了各省督撫大員眼中的寶貝。浙江巡撫張曾揚動之以鄉情，以浙江新軍第二標標統（團長）的職位吸引二十五歲的蔣百里留在浙江練兵。不想，東三省總督趙爾巽破格提拔蔣百里擔任負責訓練新軍的督練公所總參議，由他編練東北新軍。蔣百里於是去了東北，卻也引起了舊式軍隊將領，如四品都司張作霖等人的猜忌。舊派軍人處處製造麻煩。蔣百里決心離開東北是非之地，赴德國深造，臨行前來彰德觀操。彰德秋操後，蔣百里去德國在德軍第七軍充任實習連長。統帥興登堡元帥拍著他的肩膀說：「從前拿破崙說過，東方必出一偉大的將才，這或者就應在你的身上吧。」

因為生不逢時，蔣百里一生坎坷，但留下了一本可與《戰爭論》媲美的《國防論》。

需要注意的是參加秋操的日本軍事顧問。日本參謀本部曾保薦坂西利八郎充當袁世凱的軍事顧問。坂西是日本參謀本部的中國通，中文說得很好。「他不大露面，但又很活躍，是一個極有心機的人」。在北洋軍編練期間，坂西有兩個重要幫手，都是日本陸軍大學畢業的職業軍官。其中坂西一手栽培、最看重的是陸軍少佐土肥原賢二。彰德秋操時，坂

西是袁世凱幕後的總指導和總評判，兩個日軍軍官分別擔任南軍和北軍的指導和評判。日後坂西一直擔任北洋大臣、民國總統的軍事顧問，而土肥原賢二在中日戰爭中成了甲級戰犯，被遠東軍事法庭送上了絞刑架。

小小的彰德，一時人才匯聚，也寄託了清王朝鞏固統治的希望。

清政府在財政極端窘迫的情況下，不遺餘力地編練新軍，任用人才，本意是讓強大的新式陸軍來保衛清朝權貴的萬年江山。遺憾的是，不論是北洋新軍還是湖北新軍，清廷寄予厚望的這兩大新軍主力幾年後都成了王朝的掘墓者。湖北新軍首先起義，北洋新軍則在袁世凱的率領下奪權逼宮，直接推翻了清王朝。

北洋新軍是清朝編組最早、希望最大的軍隊，卻為袁世凱培育了一支私家軍隊。袁世凱向官兵們灌輸「袁大人是我們的衣食父母，我們要為袁大人賣命」的思想。各個營房都供奉著袁世凱的「長生祿位」牌，官兵們要定期磕頭跪拜。結果全軍上下「只知有袁宮保，不知有朝廷」。日後，北洋軍衍化出形形色色、大大小小的軍閥部隊，1949 年，最後一支北洋系部隊在上海郊區被殲滅，北洋軍才徹底告別歷史舞臺。

湖北新軍是張之洞在兩江總督任上開始編組的軍隊。張之洞一心鞏固清朝統治。因此，南方新軍和對官兵進行教育、灌輸封建思想、只要求官兵身強體壯的北洋新軍的做法截然相反，南方新軍軍營的思想相對寬鬆。許多青年書生投筆從戎。尤其是 1905 年科舉廢除後，大批讀書人加入新軍，導致湖北新軍的思想從寬鬆向激進、革命方向發展，最終促使湖北新軍投入了反清起義。

1906 年的秋天，站在晚清新軍前面的袁世凱、黎元洪、馮國璋、徐世昌、曹錕等人如新星般冉冉升起。也許他們還沒意識到，背後飄揚著

龍旗的大軍會成為他們最大的政治資本。

亂世重兵。誰在亂世中掌握了最強大的軍隊，誰就是最有實力的政治人物。曹操、劉裕、趙匡胤、朱元璋等梟雄誰不是靠軍隊崛起的？亂世紛爭，不是軍隊推著主將上權力角鬥場，就是志向遠大者與軍隊早作謀劃。1906 年，河南、河北和山東等地年畫的最時髦素材就是「秋操圖」。人們用傳統技法甚至是平劇行頭，來描繪口耳相傳的那場近代化軍事演習。不管畫面多麼不倫不類，畫中最醒目的總是那些跨馬配刀、披甲戴銀的將領們。那將是一個軍權至上的大混亂時期。

為什麼清廷國運命脈所繫的新軍系統中隱藏著日後如此多的民國總統呢？這就是答案。

值得深思的是，即將到來的這場革命本應該是在共和民主旗幟下進行的全新革命，而不是中國歷史血腥定律的重複。理想中的革命應該涉及社會各方面的轉型，在中國社會移植政黨政治、議會民主和媒體紛爭，使社會煥然一新。可在袁世凱、段祺瑞、曹錕等人和新式革命之間橫亙著巨大的壕溝。壕溝的一邊是夾帶著西方民主政治風氣的革命派，一邊是掌握軍隊、信奉中國傳統政治規律的實力派。兩派交鋒的結果就是兩種政治思潮的奇怪混搭。最典型的就如曹錕賄選總統。曹錕已經獨霸中原，完全有憑藉武力黃袍加身的可能，卻還要拿出幾千萬銀圓來「買」個總統。這不是曹錕一個人的行為，而且整個軍閥集團的行為 —— 他們都向曹錕湊錢，有人還忙前忙後張羅選票。在他們看來，議會和民主是需要的，是可以操作的；總統職位是神聖的，也是可以購買的。這不是軍閥集團單一群體的認知悲哀，而代表了當時整個中國社會都缺乏正確認知。

彰德秋操後，清廷又計劃在 1908 年舉辦第三次秋操，地點選定為安

徽的太湖縣。清廷對「太湖秋操」極為重視，派陸軍部右侍郎蔭昌、兩江總督端方為檢閱大臣，以檢閱南洋地區各鎮新軍的編練成效。半個多世紀後，當地的老人還能回憶起當年太湖縣來了很多馱洋槍的大兵，在縣城四周紮下了營盤木寨；縣城的北門沙灘上搭了臺，說是給光緒皇帝來閱兵用的；縣城周邊山上還豎起了大紅燈籠。1908 年 11 月 13 日安徽巡撫朱家寶親赴太湖縣城做最後的籌劃，誰想次日（11 月 14 日）光緒帝駕崩了，隔一天慈禧太后也死了。噩耗傳來，秋操取消，舉國「國喪」。

據說徐錫麟也本想趁秋操之機起義，計畫夭折後改為刺殺大員恩銘。孫中山、黃興等人則在本年度發動了欽廉上思起義和河口起義，在南方攻城略地。而袁世凱受到新上臺的攝政王載灃集團猜忌，不得不以健康原因辭職保命。他來到了彰德秋操所在的安陽縣 ……

第五篇
懸案霧重重

歷史從遠古走來，渾身籠罩著若有若無的迷霧。有人不願意讓歷史真相公諸於世。有人不想讓醜事暴露出來，有人出於權力算計要拚命掩蓋事實，還有人編造假象謊言達到目的。我們現在看到的歷史、腦海中的觀念往往是歷史迷霧重重疊疊以後的樣子，有多少是真實的呢？本篇就希望衝破迷霧，一點點吹去歷史車輪之上的黃沙，探究真相。

韓熙載夜宴：

皇帝偷窺與王朝黨爭

　　南唐後期，大臣韓熙載府上總是高朋滿座，歌舞昇平，熱鬧非凡。

　　這一晚，穿著大紅袍的狀元郎粲、一本正經的太常博士陳致雍、紫薇郎朱銑、教坊副使李嘉明兄妹二人和韓熙載蓄養的名妓王屋珊、韓的得意門生舒雅、好友德明和尚等親友同僚紛紛造訪韓府。韓府上下，燈火通明，呼朋引類，笑語喧譁，一片歡騰景象。

　　歡樂的主角韓熙載是何許人也？韓熙載，山東青州人，官宦世家子弟、學術名家，年輕時在北方的後唐中過進士。可惜父親韓光嗣不幸捲入權爭被殺，禍及滿門，韓熙載在性命攸關之時刀槍環列之下，挑著裝滿地瓜的扁擔，化裝成小販大搖大擺地和仇家擦肩而過，逃往江南。韓熙載在南唐歷任三朝，俸祿豐厚，不斷收到皇帝賞賜。韓熙載文名遠播又寫的一手好字，捧著誘人的「潤筆費」請他撰碑題詞的貴族、士人和富商僧道，不絕於道，他的題詞最高價賣到了千金一副。韓府因此成為了南唐官僚中的鉅富人家，蓄養妓樂，廣招賓客，宴飲歌舞，成為親朋好友聚會娛樂的好去處。

　　熱鬧的人群中有官職低微的御畫院待詔顧閎中的身影。

　　顧閎中是當朝皇帝李煜派來的奸細。李煜剛剛即位不久，對老臣和北方移民的士人很不放心，用毒酒殺了一批這樣的大臣。韓熙載無疑是

李煜重點關注對象。韓熙載剛逃到江南的時候，向割據政權投遞了類似履歷的〈行止狀〉，自己誇自己文武全才，「爭雄筆陣、決勝詞鋒」，吹噓能「運陳平之六奇，飛魯連之一箭。場中勁敵，不攻而自立降旗；天下鴻儒，遙望而盡摧堅壘。橫行四海，高步出群」。找工作寫履歷，其中難免有些水分。但李煜正防著大臣呢，翻出韓熙載的檔案看到了履歷，嚇了一大跳。這麼厲害的角色藏在政權內部，萬一有野心我不就危險了嗎？更何況，韓熙載是名將之後、當代名士，又是千里迢迢投奔而來的，李煜不能賜毒酒自盡——那樣會招致忌賢妒能的惡名。最後，李煜決定先派親信顧閎中去探探韓熙載。

現在，重任在肩的顧閎中開始了他的工作，蒐集著府上眾人的言談舉止，連滿屋的美酒佳餚都無暇顧及。

當晚，主人韓熙載穿著一身黑袍，帶著高高的紗帽，長鬚飄垂，平心靜氣地端坐榻沿。長榻的另一端，郎粲俯身抱膝，悠閒地半臥在榻上；陳致雍和舒雅分坐案前。所有人的目光都投向正在中間彈琵琶的李嘉明的妹妹身上。李嘉明的妹妹不愧是教坊出身的專業人士，十指在琴絃上飛速舞動，彈奏出清脆的樂聲，時而舒緩如流水，時而急促如戰馬，時而歡快如奔兔，時而慘烈如朽木……全屋子人都被深深吸引了。

琵琶演奏結束後，韓熙載下榻換上一件黃色長衫，讓下人抬進一面紅鼓。他挽袖露腕、舉臂掄槌，擂起鼓來。韓熙載的鼓聲歡快，好友德明和尚目不轉睛地盯著他擂鼓，情不自禁地拍掌相和，小巧玲瓏的名妓王屋珊隨後翩翩起舞，舞步輕盈歡快，帶動現場氣氛活躍輕鬆起來。

鼓停舞罷，韓熙載請各位客人暫且休息一會兒，自己退入內室，在侍女的服侍下洗手小憩。廳堂前，客人們竊竊私語，兩名侍女忙著替換樂器、斟茶倒酒。

　　擂鼓雖然暢快盡興，卻讓韓熙載出了一身薄汗。他脫去長衫只剩下襯衣，袒胸露腹，脫鞋盤坐在漆椅之上。顧閎中遠遠看到他神態自若地一邊搖著扇子，一邊和侍女輕聲說話。對面，五位服飾華麗的女子集體吹起簫笛。韓熙載的門生舒雅忍不住，拿起竹板打了起來，與五人合奏相合。整個絲竹合奏抒情緩慢，笛聲悠揚。

　　在富有江南特色的節目中，江南的夜幕也步入深沉。明月高掛，曲終人散，客人們三三兩兩起身告別。韓熙載已經換回黃衫，手持一雙鼓槌與賓客一一道別。

　　顧閎中隨著人流回到家後，決定將目睹的夜晚用繪畫表現出來，呈遞給李煜交差，也回顧今天這難忘的夜晚，權作紀念。顧閎中不愧是天才畫家，憑著記憶詳細地複製了幾個時辰之前的情形。除了構思巧妙的畫面和連續性的情節，顧閎中將宴會上侍女所拿扇子扇面上的圖案、茶几上盤裡的紅柿子這些細節都畫得精緻入微。這張帶有情報性質的畫作，就是〈韓熙載夜宴圖〉。顧閎中的生平和其他作品都沒沒無聞，卻憑這幅偷窺之作奠定了著名畫家的地位。

　　李煜拿到這幅畫後，第一反應是它是一件出色的藝術品、一張偉大的畫，第二反應才是：原來韓熙載每天都在家裡花天酒地啊！看來韓熙載沒有野心，不會威脅皇權。身為皇帝的李煜，心裡的石頭落了下來；身為藝術家的李煜，把這張畫藏於深宮，作為珍寶收藏起來。

　　其實，李煜並沒有仔細看懂這幅畫。顧閎中在畫中忠實記錄了韓熙載的表情細節，而這才是關鍵。在歡宴的整個晚上，韓熙載應酬各路賓客、張羅歌舞、擂鼓助興，但他的臉上沒有一絲笑容。韓熙載非但心情不好，還表現出鬱鬱不樂甚至心情沉重的神態。一個天天沉浸歡場的人卻滿臉苦相，只能說明他在強顏歡笑，是在隱藏或是躲避些什麼。

也就是說，夜夜歡宴並非韓熙載的本意，而是迫不得已而為之。

韓熙載違心地花天酒地，固然有向皇帝表明沒有政治野心的一面，更主要的是困於黨爭，以自甘墮落的表象韜光養晦，以求自保。李煜是個很容易受騙的年輕人，可和韓熙載一樣久經官場，爭鬥了幾十年的政敵集團可不是那麼好騙的。

南唐作為江南的割據王朝，興起於唐末的亂世，由一幫藩鎮軍人和功利的文人開邦建國。建朝後長期掌握實權的是江南本地的士人團體。比如參與建朝的宋齊丘居功甚偉，主導政權後「遂樹朋黨陰自封殖」。陳覺和宋齊丘交往密切，依附於齊；馮延巳因「與陳覺善，因覺以附齊丘」；魏岑「署郡從事，久不得志，以計策幹宋齊丘，薦授校書郎」；李徵古、查文徽等人也先後聚攏在宋齊丘周圍。這批人關係密切，在朝廷內外相互呼應，被視為「宋黨」。而中原士人因南唐政局相當穩定，紛紛從戰亂的北方南遷，進入南唐政府。韓熙載和右僕射孫晟都是南遷的中原士人，此外還有常夢錫、蕭儼、江文蔚、鍾謨、李德明等人。誠然宋齊丘等人對南唐的建立和發展作出了貢獻，但暴露出來的大權獨攬、黨同伐異和品行不端的把柄也不少。北方來的士人們因為不滿「宋黨」，逐漸形成了鬆散的聯盟，被稱為「孫（晟）黨」或者「韓（熙載）黨」。南唐烈祖李昇去世後，兩黨鬥爭進入了鼎盛時期。

南唐黨爭不乏有國家政策和權力分配等大政治的內容，但主要內容都是一些圍繞道德品行的雞毛蒜皮的事情。雙方人馬總是為了一點小事互相詆毀、謾罵。馮延巳和弟弟馮延魯，試圖推行人口買賣合法的政策。蕭儼就攻擊兩兄弟此舉是想從市場上多買些美貌的姬妾。宋齊丘寫的一手好文章，言辭華美，特別喜歡給人撰寫碑誌。墓誌的製作除了文章好外，還需要有好書法把文章給抄寫上去。而韓熙載是天下頂級的書

法家，於是宋齊丘起草墓誌後常常委託韓熙載繕寫。韓熙載不好推託，但每次抄寫宋的文章前都用紙塞住兩個鼻孔。別人好奇地問他為什麼這麼做？韓熙載毫不客氣地回答：「文臭而穢。」文人意氣用事，暴露無餘。

宋黨曾經矯詔，擅自出兵討伐閩國，希望能開拓疆土，結果大敗而歸。回來後，韓熙載等人趁機發難，主事的宋黨陳覺、馮延魯等人當按軍法處治，但宋齊丘求請，最後兩人只是削官趕出京城而已。韓熙載上疏，要求嚴懲，並且尖刻地指出宋齊丘黨羽禍亂朝政。韓熙載的意見沒有人聽。宋黨依然專權，對韓熙載恨得咬牙切齒。強龍壓不住地頭蛇，孫晟、韓熙載為首的鬆散同盟總體上處於黨爭的劣勢，同盟中的成員或者醉情江湖（江南的風景很好），遠離政壇；或者沉溺於聲色（江南多美女歌舞），陶醉在纏綿的吳音中。韓熙載文人本性，原本就對聲樂有一定的喜好，現在乾脆天天鶯歌燕舞。所以說，他讓顧閎中看到的一幕幕，並非專門為矇蔽李煜而做的，準確地說是在躲避黨爭的同時順帶矇蔽了李煜。宋黨正虎視眈眈，必欲置韓熙載於死地而後快呢，即便再雄心壯志，韓熙載也不敢拋頭露面指點江山了。

說起黨爭內鬥，這可是中國社會歷史悠久的傳統之一。有人誇張地說，有中國人的地方就有內鬥，甚至中國近代一盤散沙的局面也被人歸咎於中國人的內訌。拉幫結派、聚黨的事情，在原始社會就有了。那時候生存環境惡劣，原始人類需要聚攏成一個個的小團體，共進共退。當然也有和其他小團體爭奪生存資源的目的。隨著社會組織越來越完善，個人的作用也許是在遞減的，所以祖先拉幫結派圖生存的觀念更加深入和廣泛地植入中國人的思維。這本無可厚非，可黨同伐異也得有個限度，不能危害到更大集體的利益。可嘆的是，中國歷史上的黨爭往往是為了黨同伐異而黨同伐異，缺乏無私理智的爭論。唐末的牛李黨爭，和

藩鎮割據、宦官專權一起成為顛覆大唐王朝的三大頑疾，應該為天下步入黑暗的五代十國時期負責。當時，牛李兩黨不顧王朝日益衰落的現實，沉溺於門戶之見，相互攻伐，各自依附藩鎮或者宦官。北宋因王安石變法引發新舊黨爭，士人們日後分化成各式各樣的黨派，如新黨與舊黨、朔黨與洛黨、蘇學與洛學等。最可悲的是南明福王政權在南京成立後，不思鞏固疆域延續國脈，卻繼續明末的「闈案」（篩別士大夫是否依附過宦官魏忠賢），沒幾天又整出一個「附逆案」（判斷士大夫在北京城破後可曾投降過李自成的大順政權）。明朝最後的希望就在官僚士大夫們的爭吵中被葬送了。至於黨禁，大的朝代幾乎都用過，陳舊得不能再陳舊了。客觀上，中國黨爭目的都是損人利己，結果都損人損己了。

可笑的是，明明各方都不是好東西，卻非要分出誰是正人君子，誰是小人。大家都說自己是君子，對手是小人。彷彿只有這樣，即使國家滅亡，天下淪陷，自己頂著正人君子的名聲就什麼都值了，什麼都有了。

再說回韓熙載。他的才能還是很傑出的，既當過兵部尚書，又做過戶部的侍郎，主持過南唐的幣制改革，而且還是帝師，教皇帝讀過書。李煜就認為韓熙載此人果敢能幹，但他即位後看到的韓熙載已經是終日醉酒歡歌的形象了。韓熙載在李煜爺爺、爸爸時代的豪情壯志早已在黨爭中消磨殆盡，蕩然無存了。黨爭又一次成為一個王朝走向沒落的主要原因。

韓熙載性格狂傲、醉酒當歌，好在李煜生性寬愛，也是個文人氣很重的人，對老臣韓熙載惺惺相惜。兩人相安無事。韓熙載寫詩諷刺李煜納小周后，李煜也未加譴責。一次，李煜狩獵返回金陵後，突發奇想，親自到大理寺覆核關押的囚犯，赦免了一批人。韓熙載馬上進諫，說國家有司法部門管理犯人，君主不應該進入監獄，要求李煜自罰錢三百萬以充軍費。李煜理都沒理他，也沒懲罰他，就是把他當作一個臭老頭而

已。開寶元年（西元 968 年）五月，韓熙載升任中書侍郎、充光政殿學士承旨，達到了一生官位的最高點。韓熙載升官的原因不是政績卓越，而是李煜閱讀了韓熙載的作品《格言》和《格言後述》，覺得裡面縱論歷史、指點江山，寫得很不錯。韓熙載的升官遭到了朝廷的反對，認為一個終日歌舞、尸位素餐的人不應該得到升遷。清議黨們不知道，韓熙載在政敵環繞、缺乏根基的環境下，無法高調從政。韓熙載縱情輕歌豔舞，是知不可為而不為。

然而，韓府的娛樂活動天天舉行，花錢如流水，韓熙載的家底漸漸被掏空了。收入並不低的韓熙載入不敷出，多次「破產」。韓老頭很有趣，家境破敗後，還蓄養歌伎，每個月領了俸祿就散給歌伎們。最後實在是沒錢了，韓熙載就穿上破衣爛衫，手持獨絃琴，令門生舒雅執板，逐房向歌伎賣藝賣唱乞討。大家也不覺得韓熙載這麼做有什麼反常。朝野已經得出了韓熙載越來越放蕩不羈的印象 —— 韓熙載的目的就此達到了。

可韓府上下畢竟有一大家子人，不是靠乞討能解決生活問題的。韓熙載無奈之下竟然向李煜上表，請求皇帝幫忙解決經濟危機。李煜大為不滿，但心腸軟，還是用皇宮的庫錢賞他過日子。這次韓熙載做得太過了，被人彈劾貶官，安置到洪州。韓熙載表面上驅逐所有歌伎，實質上早已上表乞憐希望留在京城金陵。李煜將他挽留下來。韓府驅逐的歌伎又紛紛返回，韓熙載重新恢復了輕歌曼舞的日子，看得政敵和世人直搖頭。

韓熙載六十九歲時逝世。李煜突然覺得南唐少了一個重要的人物，下詔追贈韓熙載左僕射、同平章事，諡曰「文靖」。韓熙載死時，韓府窮得連葬禮都操辦不起了，李煜只好再次自掏腰包幫韓熙載買了棺材、壽衣和喪禮用品，又命人選擇一處風光秀麗之地。這是宋太祖開寶三年（西元 970 年）的事情。此時離李煜束手迎降、南唐國滅只有五年了。

清官亂殺人：
從包公鍘美案看「清官」不可取

　　人們一說起「清官」、「青天大老爺」，首先想起的就是北宋開封府的包公包拯。而包公判案中最有名的就是「鍘美案」。我們一起來審視一下此案的案情和審判狀況。

　　北宋年間，湖北均州人陳世美進京趕試，高中狀元，被太後招為駙馬，成了宋仁宗的妹夫。但他在老家是結過婚，有孩子的。後來家鄉連年荒旱，父母去世，妻子秦香蓮攜兒帶女進京尋夫，闖官遭逐。丞相王延齡憐之，試圖讓秦香蓮在陳世美壽辰之日扮成歌女，席間彈唱以助破鏡重圓，不成。王延齡暗示秦香蓮到開封府告狀，陳世美卻派家將韓琦追殺。韓琦良心發現，放走秦香蓮母子，自刎而死。秦香蓮向開封府尹包拯控告陳世美「殺妻滅嗣」，包拯將陳世美召到開封府，好言相勸，又讓他們夫妻對質。陳世美自恃國戚，強辭狡辯。包拯大怒，要鍘死陳世美。公主和太后聞訊趕來阻止。包拯頂住壓力，最後將陳世美鍘死。

　　陳世美犯了什麼罪，罪該至死嗎？仔細分析，陳世美犯有三條罪：

　　第一是隱瞞婚史迎娶了公主。在北宋男子多妻是合法的，這條罪的要害是「欺君」，沒向太后和宋仁宗坦白。第二是驅使他人（韓琦）殺害秦香蓮母子。第三條罪是不贍養父母，並且不顧妻子和子女的死活。這

第三條罪是個人道德問題，最多打打板子，承諾以後向他們支付生活費就可了事。第二條是殺人未遂，罪也不至死。至於隱瞞婚史騙娶皇帝的妹妹該當何罪，在宋朝律法上沒有專門的判刑規定——既然沒有規定就不能亂定罪。事實上，法律允許男人多妻，皇妹本人又願嫁而且原諒了陳世美，所以陳世美的這個「欺君」罪更多是屬於皇帝家庭內部矛盾，理應請示宋仁宗本人「聖裁」。

退一步說，就算陳世美的罪行夠得上明確的死刑標準，包拯也不能想用鍘刀鍘了陳世美就真的把人給鍘了。宋仁宗給他鍘刀是讓他威懾犯人的，危急時刻才可以先斬後奏。但此案根本不符合先斬後奏的標準，包拯有濫用皇帝授權的嫌疑。

幾百年來，人們很少去想陳世美是不是被冤殺的，而是認為包拯做得對，包拯是清官做了好事。因為人們，尤其是女性，同情被拋棄的秦香蓮，憎恨貪圖榮華富貴的陳世美。如果做一個調查，肯定大多數人都覺得陳世美該殺，認可包拯把他送上斷頭鍘。

綜合各種版本包公鍘美案的說法，包公在審案時並非人們想的那般鐵面無私。包公在掌握了陳世美的罪行之後，第一反應不是依法辦事，而是勸他只要認下妻兒就既往不咎。後來，太后和公主都趕到開封府，威逼利誘包拯放過陳駙馬，不然就坐守開封府不回宮。包拯承受著巨大的壓力，左右為難，只好拿出三百兩銀子贈給秦香蓮，勸她與兒女回家，不要再追究了。看來包公也有承受不了壓力，企圖徇私枉法的時候。最後還是秦香蓮的一句「只說包相爺為官清正，他們官官相護有牽連」把包公的黑臉刺激成了大紅臉。包公發誓要把陳世美正法。也許，包拯是在情緒衝動的情況下把陳世美送上鍘刀的。

在《宋史》裡，有關包拯判案的紀錄只有一條。說包拯在當天長縣

知縣的時候，一戶人家的耕牛的舌頭被人割了。牛主人來縣衙裡投訴。包拯就讓他回家去，把牛殺了吃了。（第歸，殺而鬻之。）馬上就有人來狀告牛主人私殺耕牛。古代，耕牛是有關農業根本的牲畜，不許私殺。就算要殺，需要履行嚴格的申報手續。所以我們會看到，只有梁山好漢才會殺耕牛，大口吃牛肉。包拯就問告狀者：「你是怎麼割人家牛舌又來告他私殺耕牛的？」那人果然是割牛舌的人，「驚服」，因此坦白了犯案過程。原來包拯一開始就斷定是仇家割的牛舌，故意讓牛主人殺牛，引蛇出洞。他的推理是沒錯，但方法是違法的。既然耕牛不能私殺，要保護農作勞力，但包拯卻讓牛主人殺了一頭還有用的耕牛，不是知法犯法是什麼？用違法的手段來達到合法的目的，是不可取的。而且，包拯那麼自信，那麼相信自己的判斷，確信方法一定能夠成功，萬一失敗了呢？那豈不是白白浪費了一頭牛。

　　包拯是一個個性強烈的司法官，說好聽點是改革創新，說難聽點是特立獨行。之前北宋規定「凡訟訴不得徑造庭下」，百姓很難與司法官員直接見面。包拯主持開封工作時，規定府衙大開正門，讓告狀者都可以直接見官，面陳案情。這個制度很人性化，對審案也有幫助，但之後朝廷當作制度向全國推廣，就難為了許多地方官。再加上包拯一不怕權貴，二為民申冤，使得「貴戚宦官為之斂手，聞者皆憚之」，包拯的人緣並不好。

　　包拯有時甚至不顧規定和禮節，當面質問宰相或其他大臣，弄得同僚們下不了臺。這樣的清官和官場太不合群了。但宋仁宗認為：「忠鯁之言，固苦口而逆耳，整有所益也，設或無益，亦無所害又何必拒而責之。」包拯的一生總算沒有受到迫害，死時還追授了一個禮部尚書。

　　中國古代有三大善於審案的清官，除了北宋的包拯，還有明朝的海

瑞和清朝的施世綸。海瑞比包拯更不合群，人緣差到同僚都對他敬而遠之。他出任應天巡撫時，下屬州縣官員不是提前退休就是申請外調。對於審案，海瑞奉行以下的理念：「凡訟之可疑者，與其屈兄，寧屈其弟；與其屈叔伯，寧屈其姪；與其屈貧民，寧屈富民；與其屈愚直，寧屈刁頑。事在爭產業，與其屈小民，寧屈鄉宦，以救弊也。事在爭言貌，與其屈鄉宦，寧屈小民，以存體也。」他的審案標準是「非法」的，以保護弱者為主，而不去遵循法律的規定。如果貧民和富戶去訴訟，海瑞難辨是非，就判貧民獲勝。尤其是涉及財產糾紛時，海瑞寧願委屈富戶讓貧民得利。因為貧民本來就沒錢，再失去財物就可能會淪為流民或者鋌而走險。如此看來，海瑞有劫富濟貧，保護弱勢群體的意思。但如果叔姪或者兄弟訴訟，為了維護封建倫理，海瑞會判姪子、弟弟輸。當案子涉及儒家倫理和社會秩序，海瑞馬上轉到官宦紳士的角度上，判「小民」輸。這樣看來，海瑞又是弱勢群體的敵人，站到了普通百姓的對立面。為什麼海瑞的審案原則如此混亂？仔細分析，他的原則只有一點：維護王朝統治。如果只是財富等低階案子，海瑞會照顧普通百姓和弱者，旨在維護社會穩定；如果是涉及封建綱常倫理的案子，海瑞馬上站在官宦統治階層立場上，打壓普通百姓了。不管怎麼說，海瑞都不是一個依法辦事的好法官，更不是平民百姓的保護神。

　　無獨有偶，「施青天」施世綸在康熙四十年（西元1701年）得到了皇帝類似的評價。康熙皇帝在上諭中評價他：「施世綸朕深知之。其操守果廉，但遇事偏執：百姓與生員訟，彼必護庇百姓；生員與縉紳訟，彼必護庇生員。夫處事唯求得中，豈可偏私？如施世綸者，委以錢谷之事，則相宜耳。」施世綸個人操守沒問題，不貪汙不腐化，但是判案的時候老是偏袒弱者，遇事偏執。康熙皇帝覺得這樣的人最好去管錢谷糧

草（因為廉潔），不適合做司法工作（辦事偏執，不守法）。

包拯也好，海瑞也好，施世綸也好，都是根據自己的道德判斷和政治考慮判案，沒有一個人依法辦事，而是依「己」辦事。這是典型的「人治」。人治的壞處就是人性的壞處。宋朝張乖崖也是個「清官」。他當崇陽縣令時看到一個小吏自庫房中出來。張乖崖看到小吏的鬢巾下有一枚銅錢，上前詰問，果然是庫房中的錢。張乖崖大怒，下命杖責小吏。小吏勃然大怒說：「一枚銅板何足道哉，竟然要杖打我？你能杖我，不能斬我！」張乖崖更憤怒了，提筆宣判：「一日一錢，千日一千，繩鋸木斷，水滴石穿。」他竟然將小吏斬首。崇陽人至今思念這個清官，因為百姓痛恨貪汙公款的官吏，認為懲罰越嚴屬越好，殺得越乾淨越好。

張乖崖的行為符合民間的心理。但法律肯定規定了多少的金額才能夠殺頭，張乖崖也是知道的，所以假設該名小吏每天貪汙一枚銅板，積少成多的方法，將他斬首。這難道不是在找藉口殺人嗎？

還有一個膾炙人口的清官判案的故事也表明，清官憑一己之心判案也會步入徇私枉法的危險。有人撿到裝有白銀五十兩的錢包，在原處等失主。後來失主來了，卻不願意給他酬勞（古代法律規定撿到的人可以獲得失物的一部分），就謊稱錢包裡有一百兩白銀，要撿到者還另一半來。

這事鬧到了某個清官那裡去。所有證據都表明這個錢包是失主的。但是清官厭惡失主的貪婪，就說既然錢包裡面的銀兩金額不對，就說明這個錢包不是你的，你繼續尋找掉的錢包吧，這個錢包歸撿到的人所有。這個判案結局相信也符合絕大多數民意。但它合法嗎？明明這個錢包是失主的，卻因為清官厭惡失主的貪婪，將之判給了撿到者。退一步講，我們以小人之心推測一下，難道就不存在撿到的人真的私下拿走了

五十兩銀子的可能性嗎？難道就因為撿到的人看起來比較老實，就判定是長得尖嘴猴腮的失主在故意刁難嗎？

那麼百姓們津津樂道的清官審判到底是一種什麼樣的情形呢？「毫無法理意識的『青天大老爺』動不動就來個『五經斷獄』。斷得好的，則天理、國法、人情、良心俱在其中；斷得不好的，則來他個『和尚打傘』，無法無天，滿口革命大道理，事實上連最基本的邏輯也沒有了。」「清官判案所主要依據的不是法律，而是道德，即使運用法律，也是一種道德化了的法律。他們重結果，而不重推理。」

清代劉鶚在《老殘遊記》中塑造了兩個典型的「清官」形象 —— 玉賢、剛弼。玉賢做曹州知府，曹州「路不拾遺」，實質上是他依靠強權濫殺無辜，造了冤案，讓境內百姓無論善惡都噤若寒蟬。剛弼做官拒絕巨額賄賂，不要錢、不受賄，名聲在外，但一味臆測斷案，用刑嚴酷，枉殺了很多好人。因此劉鶚說：「蓋贓官自知有病，不敢公然為非；清官則自以為不要錢，何所不可？剛愎自用，小則殺人，大則誤國。」

可見，清官亂殺人，比貪官更可怕，更隱蔽，更值得我們深思。

聖人的人治：

朱熹彈劾唐仲友案的桃色背景

以桃色事件來攻擊仇敵，是中國古代社會慣用的招數。

南宋孝宗年間，臺州天臺有個營妓才貌雙全、名揚浙東，叫做嚴蕊。臺州太守唐仲友做出過嚴蕊一走臺州無人的高度評價。官府擺宴上席的時候，唐仲友總是要邀請嚴蕊歌舞助興，賞賜頗豐，兩人還有詩詞往來。南宋的營妓是官方妓女，官員可以招營妓來陪酒助興但不能有進一步的身體接觸。唐仲友和嚴蕊關係密切，但有沒有進一步發展，不得而知。這事在當時就議論紛紛，支持唐仲友的人說唐太守礙於官箴，與嚴蕊未便親近；反對唐仲友的人，比如臺州通判高炳如則說唐太守和嚴蕊簡直是一對姦夫淫婦，唐仲友不僅包養嚴蕊，還由嚴蕊出面貪贓枉法，欺壓百姓。和任何桃色新聞一樣，公說公有理，婆說婆有理，除了當事人誰都拿不出確鑿的證據來。但是唐仲友和嚴蕊關係密切，這是人人都知道的事實。

理學宗師朱熹在南康軍任滿，出任提舉兩浙東路常平茶鹽公事，來浙東當了唐仲友的頂頭上司。朱熹的這個提舉官是宰相王淮推薦的。朱熹在南康任職的時候治理災荒得當，剛好浙東大災，王淮希望朱熹能治好災情。朱熹到職後，從調查時弊和整頓吏治入手，明察暗訪，雷厲風

行，彈劾了一批貪官和豪門大戶。被朱熹彈劾免職的浙東官員有紹興府指揮使密克勤，衢州太守李嶧，江山知縣王執中，寧海知縣王闢綱等多人。由北往南，一路下來就是臺州了。耿直的朱熹將下一個打擊的矛頭對準了臺州太守唐仲友。

朱熹彈劾唐仲友的導火線是什麼？一種說法是臺州通判高炳如向朱熹誇大了臺州的災情，捏造了一些對太守不利的事實。尤其是有關唐仲友和嚴蕊的指控，讓號召「存天理滅人慾」，講究修身養性的朱熹難以容忍。另一種說法是詞人陳亮來向朱熹打小報告。陳亮遊歷臺州，和另一營妓趙娟濃情蜜意，定下婚姻之約。陳亮要唐為趙脫籍。唐仲友是個好心人兼大嘴巴，在給趙娟脫籍的同時告訴趙娟陳亮為人剛正、家中清貧，要趙娟做好吃苦的準備。趙娟恰好不願意吃苦，恢復清白身分後不願嫁給陳亮了。陳亮遂與唐仲友反目成仇，怒氣沖沖地找到唐的上級朱熹，將唐仲友平時的不遜之言和盤托出。比如唐仲友說朱熹是假道學偽君子，說朱熹字都不認識幾個（朱熹曾經讀錯字）還出來當官等等。朱熹勃然大怒，快馬加鞭趕往臺州。

朱熹真正發怒的是唐仲友對道學的態度。唐仲友也是一代名儒，不吃程朱理學那一套，對理學橫行感到厭惡。「如今的世界，只管講那道學。說正心誠意的，都是一班害了風痺病、不知痛癢的人。君父大仇，全然不理，方且揚眉袖手，高談性命，不知性命是什麼東西！」他批評理學的道德說教不近人情，對人高標準對己低要求，還抓住朱熹言行品性中的小辮子不放。將理學視為高於生命的朱熹早就把唐仲友打入了另類名冊。

因為朱熹來得突然，唐仲友未能及時出城迎接。兩人一見面，唐仲友就給朱熹留下了不尊敬上級的印象，自尊心很強的朱熹認為唐對自己有意怠慢。

　　唐仲友和王淮是姻親，當時已經被朝廷大員推薦即將升任江西提刑。朱熹攔下了這項任命，而且立即追取唐仲友的太守印信，連續六次上表彈劾他。彈劾的罪名除了貪汙腐敗、治災不力等之外，專門有一條是道德敗壞，與營妓嚴蕊淫亂。朱熹講究個人品行修養和綱常倫理，認為妓女是禍水而且軟弱無德，所以迅速將嚴蕊收監拷問，希望查出唐仲友的風流之罪。唐仲友也不示弱，上書彈劾朱熹，說朱熹沽名釣譽、以大欺小、無中生有等等。朱、唐兩位都是當世的文壇領袖，分屬不同派別。他們的交惡引起了兩個派別的互相攻擊，官員文人們紛紛參與其中，上書支持朱熹或者唐仲友，掀起了不小的風波。丞相王淮等人覺得事情很棘手，將奏章壓下不報，能拖就拖。

　　卻說朱熹將嚴蕊關入大牢後，逼嚴蕊承認與唐仲友私通並瓜分官財，嚴刑逼供。誰知嚴蕊瘦弱的身體有著鐵石般的意志，任憑朝打暮罵、千錘百拷就是不招供，堅持說：「我和唐太守循份供唱，吟詩飲酒是有的，別的事情一分一毫都沒有。」問來問去都是這句話。

　　日後有支持朱熹的人否定朱熹曾對嚴蕊嚴刑逼供，認為這是通判高炳如等人做的。朱熹不可能親自拷問嚴蕊。的確，朱熹本人不大可能親自到監牢審問，但考慮到高炳如是朱熹一派的人，並且嚴蕊入獄一個多月後被送臺州轉移到紹興的監牢繼續審問，朱熹不可能對嚴蕊在獄中的情況不知情。相反，朱熹可能是擔心在臺州審問相關人犯不利於蒐集唐仲友的罪證，所以將相關人等押往了紹興異地審問。他還是希望從嚴蕊身上找到突破口。

　　在紹興，嚴蕊受到了折磨，被打得死去活來，還是堅持與唐仲友的清白。有獄吏看不下去，好言勸她：「上頭這麼刑罰你，不過是要你招認，你何不招了呢？最多不過是杖責，況且都已經杖責過你了，招了也

不會再給你打板子，何苦現在這樣硬挺著吃苦呢？」嚴蕊嚴辭拒絕，發了一番流傳文壇的豪言：「身為賤伎，縱然和太守為奸，料也不到死罪，招認了，有何大害？但天下事，真就是真，假就是假，豈可自惜微軀，信口妄言，以汙士大夫！今天寧可置我死地，要我誣人，斷然不成的！」尤其是第二句話，鏗鏘有力，擲地有聲，令人敬佩。最終受盡刑罰的嚴蕊堅絕不牽連唐仲友。朱熹並沒有得到有利的供詞。

監牢之外，朱熹一再上表，唐仲友反覆自辯，兩派的攻擊爭論越發激烈了。朱熹又多了一條罪過：酷逼娼流，妄汙職官。

事情鬧得越來越大，被晚年的宋孝宗趙昚知道了。王淮不得不將雙方的奏章進呈御覽。都司陳庸等人奏請令浙西提刑查辦此案，調朱熹前往受災的州郡巡視。宋孝宗准奏。但朱熹在臺州收到詔書後，拒絕執行，再次上奏，堅持要處理唐仲友。皇帝本想做個和事佬，將此事化解，不想朱熹賴在臺州不走了。他只好問朝臣如何是好？王淮不愧是宰相，站得高看得遠，做了很經典的點評：「此案，不過是兩個秀才爭閒逗氣而已。」宋孝宗哈哈大笑，點頭稱是，同時撤銷朱熹和唐仲友的職位，平級調出浙東了事。

不想，朱熹一派的彈劾風潮太盛，唐仲友新官未上任就在強大的攻勢面前被免職。朱熹則認為沒有達到扳倒唐仲友、去濁揚清的目的，心中鬱鬱不平，加上遭到唐仲友一派的接連彈劾，乾脆解職還鄉，躲進武夷山著書立說去了。朱熹彈劾唐仲友一案以當事人兩敗俱傷結局。

嚴蕊意外成為了整個案子的勝利者。朱熹被調走後，嚴蕊的事情沒人過問了，被無罪釋放，依然回去當營妓，卻聲望鵲起，名動士林。讀書人爭相一睹芳容。傳說，岳飛的兒子嶽霖接任朱熹之職，專門接見了嚴蕊，讓她作詞自陳。嚴蕊口占一首〈卜運算元〉：「不是愛風塵，似被

前緣誤。花落花開自有時，總賴東君主。去也終須去，住也如何住。若得山花插美頭，莫問奴歸處。」嶽霖被感動了，將嚴蕊脫籍從良。嚴蕊經此磨難雖然形體憔悴，但一個喪偶的宗室敬重她的品行，納她為妾。嚴蕊後半生衣食無憂，安穩幸福。

朱熹與唐仲友相互彈劾的史實存於當時士人的文獻紀錄，裡面提到了嚴蕊。嚴蕊的詳細事跡最早見於南宋洪邁的《夷堅志庚》，後經《二刻拍案驚奇》〈卷十二·硬斷案朱熹爭閒氣 甘受刑嚴蕊傳芳名的傳播〉，名聲大播。明清時期，理學的地位急遽上升，朱熹被捧為聖人。這則對朱聖人不利的故事，引發了巨大爭議，也得到了那些對理學不滿的人士的共鳴。支持朱熹的人指出，這則故事對真實的史實進行了虛構加工，失真了。唐仲友在臺州任上確有包養嚴蕊等營妓，聽任營妓為虎作倀殘害百姓的惡行。而洪邁是唐仲友的好友，他的作品肯定是幫著唐仲友誹謗朱熹的。還有朱熹粉絲考證出嶽霖沒有做過浙東提刑一職；宰相王淮在整件事情中庇護親家唐仲友。當然贊同嚴蕊事跡真實性的也大有人在。

爭論歸爭論，第一，朱熹主導了對唐仲友的彈劾，整件案子是他挑起的，也是他要堅持到底的；第二，朱熹彈劾唐仲友的罪名有不服理學，彈劾的原因之一是唐仲友並非理學的同道中人。朱熹有藉機打擊學術異己的嫌疑。

事實上，朱熹的宗派思想很嚴重。他在建構理學思想體系的時候，就著力於建設一個理學派系，暗地裡拉幫結派、黨同伐異。朱熹熱衷於與他人爭辯學術的高低對錯——殊不知，學問應該沒有高低貴賤之分，本可以和睦共處。朝散大夫劉三傑上書就指出朱熹的宗派行為，說他「借《大學》、《中庸》作文飾，誰對他下一拜就稱之為顏閔；他的一句話，就要門人當作孔孟之道來對待」。

　　韓侂胄主政後，朝野上下看不慣理學的官員紛紛上書彈劾朱熹和理學。他們給朱熹扣上的罪行很多是假的、誇大的，但後人也可以從中窺見朱熹的真實面目。監察御史沈繼祖等人彈劾朱熹的個人品行有問題。朱熹曾寫信勸別人「餓死事小，失節事大」，推行一些不近人情的理學標準。「朱熹在長沙，藏匿朝廷赦書不執行，很多人被判徒刑。知漳州，請行經界，引起騷亂。任浙東提舉，向朝廷要大量賑濟錢米，都分給門徒而不給百姓。霸占人家的產業蓋房子，還把人家治罪。發掘崇安弓手的墳墓來葬自己的母親。開門授徒，專收富家子弟，收取高額學費。加上收受各處的賄賂，朱熹一年就得錢好幾萬。」沈繼祖等人彈劾的事實真假，歷來都有爭論。其實，朱熹的這些作為也不是什麼大不了的罪過，反而是普遍存在的。但如果朱熹平日不慷慨激昂地鼓吹「去人慾」，不拷打弱女子蒐集異己的罪行，別人也不會無情地揭露他的隱私。朱熹他本來就是一個平常人，不是聖人，也不必自樹為聖人。

　　我們還可以發現人治的可怕。朱熹預設唐仲友有罪，再四處蒐羅罪證。欲加之罪，何患無辭？事實證明，朱熹的許多指控是不實的。他對嚴蕊的態度也是人治思想的一次典型展現。朱熹鄙視、厭惡妓女，就想當然地認為嚴蕊和唐仲友存在不正當關係，進而授意或者默許進行嚴刑逼供。這也從反面證明朱熹必欲除掉唐仲友，已無司法公正可言。

　　「想當然」的辦案，朱熹不是第一次了。朱熹任福建崇安縣令時，有戶平民百姓來狀告當地豪門大姓霸占其家祖墳。福建地區極重祖墳，豪門富戶常常霸占風水吉地，侵奪小民的產業，類似的訴訟幾乎天天都有。朱熹接到案子很重視，親往踏勘，發現案發地是塊風水寶地。他心裡就認定：這樣的寶地肯定會被豪強看上，必定是原告的墳地被霸占了。被告豪門辯白說，這是家裡新選的墳地，工程剛完工。原告小民說，上

面的新墳是被告的，但底下老土埋著自家祖先。朱熹就挖開檢視，果然挖到一塊青石板，上面依稀刻著小民家裡祖先的名字。豪門大吃一驚，朱熹判他退還霸占的墳地，小民只是叩頭說「青天在上」。朱熹很得意，心想：「這種鋤強扶弱的事，不是我，誰肯做？」等到棄官隱居，朱熹重返武夷山，才從當地居民口中知道，那原告小民奸詐無比，窺知朱熹好名，喜歡替小民作主，就預埋墓石，透過朱熹之手騙得豪門墳地。朱熹悔之晚矣。

《二刻拍案驚奇》點題說：「道學的正派，莫如朱文公晦翁，讀書的人那一個不尊奉他？豈不是個大賢了？只為成心上邊，也曾錯斷了事。」

中國歷史上的政治制度是人治而非法治，但聖賢都有私心和偏執時，何況一般凡人？

雍正猝死案：

哪個皇帝的死沒有是非

雍正十三年（西元 1735 年），陰曆八月二十二日夜。

「咚咚咚」的敲門聲驚醒了內閣大學士張廷玉府邸所在衚衕裡的人們，引發群起的狗吠。

幾個匆匆趕來的太監用力砸著張府的正門，進門後拉起睡眼惺忪的張廷玉就要走。

「何事如此驚慌？」

「皇上宣您，急宣覲見！」

「去哪兒？」

「圓明園……」

張廷玉隨人飛奔到圓明園西南門，只見門口人影閃動，進進出出的人不少。幾名翹首以待的太監見張廷玉來到，趕緊一邊向內通報，一邊引著他前往雍正帝的寢宮。

張廷玉擦擦汗，繼續飛奔。他心中連叫不好，宮中八成出了大事，只是不知道出了什麼事，莫非是皇室內亂宮門喋血？遠遠望見寢宮便見燈火通明，近前了看到御醫和太監宮女們來回穿梭，忙成一團，張廷玉明白了大半。他在寢宮外候著，拉住一位御醫輕聲詢問皇上是否得病，

病情如何，那御醫回答「上疾大漸」便掙脫而去。張廷玉腦袋「嗡」的一聲，身子差點倒地不起。身為內閣大學士，張廷玉天天和雍正皇帝在一起處理政務，是觀察皇帝最多的人。雍正皇帝的身體一向很好，辦起公務來風風火火雷厲風行，一點都看不出病容。昨天（二十一日），雍正皇帝曾經說身體感覺不大舒服，張廷玉等朝臣就恭請皇上注意龍體。雍正擺擺手，繼續埋頭處理奏摺，沒有下文，大臣們也就不把這當回事了。

今天（二十二日），四皇子寶親王弘曆和五皇子和親王弘晝，聽說父皇感覺身體不適，一直服侍在雍正身邊。雍正依然一目十行，提筆龍飛鳳舞，沒有顯露病態。處理完政務，君臣告別。怎麼幾個時辰之後，皇上就突然病重了呢？

張廷玉正納悶著，莊親王、果親王、大學士鄂爾泰、領侍衛內大臣公豐盛額和訥親、內大臣戶部侍郎海望等王公大臣陸續趕到。大家驚愕之餘，互相投遞著疑惑的目光。

不多時，侍衛陪著御醫走出寢宮，看看外面的王公大臣們，搖搖頭，默默地讓到一邊。大家清楚：雍正皇帝的最後時刻到了！

張廷玉與眾人按照班次排成兩行，屏息躡足，魚貫進入寢宮，在御榻前三叩九拜，恭請聖訓。燈火昏暗、帷幔輕卷、藥味瀰散，御榻上的雍正皇帝一動不動地躺著，沒有任何反應，眾人也看不清他的嘴臉，誰也沒見到雍正的最後一面，更不用說聆聽遺言了。最後，眾人強壓住內心的疑慮和不安，靜靜地躬身退出，回到宮外階下等候結果。

第二天（二十三日）子時，宮門突然大開：「大行皇帝龍馭殯天！」哀樂隨即響起，張廷玉等人放聲慟哭。大清王朝入關後的第三代皇帝雍正就這麼突然死了！

　　雍正皇帝的死沒有任何徵兆，無疑是猝死的。雍正為什麼會猝死呢，他是怎麼死的呢？這就是一個謎了，誰也說不清楚。雍正生前殺戮過重，樹敵過多，很多人都詛咒他不得好死，有關雍正死因的猜測紛紛出籠，甚至有人考證出雍正是被曹雪芹和情人竺香玉合謀害死的，還有人在歷史小說中說雍正是因為亂倫有愧而自殺的。而流傳最廣的是俠女呂四娘刺殺雍正的故事。呂四娘殺了雍正後，還割去了雍正的頭。所以清西陵泰陵中的雍正屍體沒有頭，大臣們做了一個金頭安上才讓雍正有個全身。

　　呂四娘刺殺雍正的故事，要從湖南一個叫曾靜的書生說起。曾靜科舉不順，就不安分了，看了許多反政府的圖書言論，產生了「反清復明」的念頭，派遣學生張熙投書川陝總督岳鍾琪，妄想策動他一起造反。為什麼選擇岳鍾琪呢？因為岳鍾琪是岳飛的後代，而清朝起源於建立金國的女真族。曾靜想當然地以為岳鍾琪會反清復明。他也不想想，過去五百多年了，岳鍾琪哪還會和祖宗保持相同的信仰啊？結果，嶽鐘琪連人帶信上交朝廷，曾靜案就此發生。曾靜供稱，給自己帶來極大思想啟發的著作都是浙江人呂留良的作品。呂留良是明末清初的儒生，終生不仕，隱居著寫反清復明的作品。於是，一個謀反案牽出了巨大的文字獄：呂留良反書案。

　　曾靜、張熙等人沒有因為拉岳鍾琪造反被殺（雍正留他們做反面教材，組團到處巡講反清復明是如何大逆不道，當朝政府是多麼地好），呂留良案的相關人等卻被株連九族，人頭落地。已死的呂留良和長子被開棺戮屍，梟首示眾；呂留良之子呂葆中被斬，家人被流放到寧古塔給披甲人為奴。刊印、收藏呂留良著作的所有人都分別被判以斬監侯、流放、杖責等刑。清政府的網撒得很大，傳說呂留良的孫女呂四娘因在外

地，僥倖逃生了。呂四娘一心報仇，又遇到了武功高手，結果學得十八般武藝且樣樣精通，飛簷走壁不在話下。長大成年後，呂四娘尋找機會刺殺雍正皇帝。她曾夜探乾清宮，也曾多次進入圓明園，雍正十三年（西元 1735 年）八月二十二日晚，呂四娘得知雍正在圓明園，摸入皇帝寢宮，砍下雍正的腦袋，拿去祭奠家人。還有一種說法是雍正好色，呂四娘當晚冒充嬪妃，輕易將雍正殺死。

雍正為呂四娘所殺的說法有許多明顯的疑點。首先，呂四娘不可能逃出清廷追殺的天羅地網。當時負責此事的浙江總督李衛是雍正的親信，以擅長緝盜和果斷幹練著稱，加上他曾給呂家題過匾，所以辦理起來特別認真。呂家的其他人都抓到了，李衛斷不會犯下讓呂四娘這個重犯逃脫的錯誤。其次，飛簷走壁是傳說，誰看到過有人在宮殿和高牆上飛越自如了。雍正身邊的那些侍衛也不是吃素的，想來不會輸給呂四娘這個小丫頭。一個弱女子在重重宮闈中取皇帝首級如探囊取物，更像是民間傳說情節，而非歷史事實。第三就是雍正皇帝無頭的情節，缺乏證據。

僅次於呂四娘刺殺說的雍正死因是死於丹藥中毒說。清末民初就有人提出：「世宗之崩，相傳修煉餌丹所致，或出有因。」

張廷玉在當天筆記中記載，雍正殯天時「七孔流血」，他「驚駭欲絕」。七孔流血是中毒。那雍正中的是什麼毒呢？雍正年輕時即好佛崇道，終生求仙訪道，追求永生。他養大量道士於宮苑內以修煉丹藥，長期服用道士所煉丹藥。這些丹藥富含汞、鉛、硃砂等成分，毒性很大。

有兩個細節可以作為丹藥中毒說的佐證。雍正猝死十三天前，八月初九日，「圓明園二所用牛舌頭黑鉛二百斤」。黑鉛有毒，過量服食可使人致死，當時普遍用於煉丹。這麼大批次的黑鉛最後去了哪裡呢？第

二，雍正死後乾隆還未正式登基就緊急傳諭驅逐宮中道士，並下旨宮中的太監、宮女，不許妄行國事，「凡外間閒話，無故向內廷傳說者，即為背法之人」，「定行正法」。乾隆給出的理由是「恐皇太后聞之心煩」，是否還有其他原因呢？

同時，雍正還貪戀女色，晚年曾服春藥。這可能也是導致他猝死的原因之一。朝鮮使臣曾指證雍正沉淫女色，病入膏肓，自腰以下都不能動了。這麼差的身體條件，再加上天氣變化或者工作量加大，的確很可能讓他猝死。客觀地說，雍正可能是歷史上最勤政的皇帝。他在位不到十三年，批閱奏摺十九萬兩千多件，平均每天四十件。每個奏摺，雍正都親書批語意見，累計超過千萬字。一年三百六十五日，雍正只在生日那天休息一天，平時每天睡眠不足四小時，體力精力嚴重透支。這樣的工作量加上服用丹藥、春藥，的確構成了一個五十八歲的人猝死的解釋。

至此，雍正猝死案看似得到了圓滿的解決，但是服用春藥也好、沉溺丹藥也好，這些都不是導致一個人猝死的必然原因。雍正之死的主因是工作強度過大，導致身體和精神嚴重透支，長期得不到休息。他的工作強度為什麼會那麼大呢？

這都是立志改革的雍正自找的。他一生辦了許多事情，他克服各種阻力整頓吏治、設立軍機處、攤丁入畝、改土歸流，該辦的不該辦的都辦了，就是每天處理的那麼多奏摺也是他自找的——雍正設立了奏摺制度。

雍正處理起政務來態度決斷，雷厲風行，加上他性格嚴酷，猜忌多疑，刻薄寡恩，得罪的人難以計數。後世流傳許多雍正的黑暗形象，比如殺兄害子、縱容殺手、動用血滴子等等，事後還將殺手斬草除根象。

雖然有所誇張，多少反映了雍正為了落實政策，採取了一些殘暴甚至極端的手段。所以雍正長期心神不寧、精神渙散、懼怕報應，這才是他猝死的根本原因，服藥只是引發了他最終的猝死。

我們跳出雍正之死的簡單案例，綜觀歷史上的皇帝之死。必須承認，多數皇帝不是死因成謎，就是他的死亡帶來了巨大的變故，衍生出新的謎團來。

一些短命王朝，比如秦朝、隋朝、南梁、北遼，所有皇帝都是非正常死亡的；許多王朝的末期君主也全都不得好死，比如北魏末期孝莊帝元子攸、節閔帝元恭、安定王元朗全部他殺；金朝的完顏直、完顏亮、完顏承麟被殺，完顏守緒自縊而死。

秦始皇死在出巡的路上，引發了沙丘政變；秦二世胡亥和秦王子嬰都被逼自殺。隋朝的隋文帝死得不明不白，兒子楊廣殺人嫌疑最大；楊廣當了隋煬帝後，是被禁軍勒死的。其他死的比較蹊蹺的皇帝還有東晉孝武帝司馬曜，被宮女用被子悶死，他的兒子司馬德宗被人勒死，另一個兒子司馬德文被人捂死；梁武帝蕭衍在侯景之亂中活活餓死；北齊高洋死於酒色過度；唐敬宗李湛、唐文宗李昂被宦官殺死；宋太祖趙匡胤死在「杯弓蛇影」的疑團中；明朝的崇禎皇帝也許是死得最壯烈的，他上吊自殺殉國。

死於毒藥、丹藥的皇帝也有長長的名單。其中被人毒死的有：漢平帝劉衍、漢質帝劉纘、晉惠帝司馬衷、晉懷帝司馬熾、北魏獻文帝拓跋弘、北魏元修、東魏元善見、西魏元欽、北周的宇文毓、唐哀帝、元明宗等；死於丹藥中毒的有：晉哀帝司馬丕、唐太宗李世民、唐穆宗李恆、唐武宗李炎、唐宣宗李忱、明世宗朱厚熜等。

作為最高權力的象徵，作為所有政治權力指向的最終點，皇帝的生

死理應轟轟烈烈，不然就辜負腳下的江山和手中的權力。如果一個皇帝生時默默無聞，死得也一乾二淨，那反而是值得反思的。有趣的是，生前執政最剛強、政績最顯著的君主往往是身後事最說不清楚的皇帝。比如清朝的康熙、雍正、乾隆，也比如唐太宗李世民和宋太祖趙匡胤，更包括漢武帝、隋煬帝等人。

誰是替罪羊：

葉名琛失守廣州案

　　第二次鴉片戰爭時期，坐鎮南方的兩廣總督葉名琛舉止失措，失守廣州。

　　廣州失守後導致了一系列災難。英法聯軍長驅直入京津，燒了圓明園，割走了包括九龍在內的百萬平方公里土地，從此外國公使在京城大搖大擺，朝野上下視之為奇恥大辱。而葉名琛就是恥辱的始作俑者。

　　葉名琛在第二次鴉片戰爭中做了什麼？他什麼都沒做。

　　戰爭危機從廣東開始。各國使節求見兼任通商大臣的葉名琛時，葉名琛概不接見，根本不和列強溝通。一些外國使節任期已滿連國書都無從遞交。至於間接收到的外國要求，不論合理不合理，葉名琛一概拒絕。葉名琛還處處留意，外國使節有沒有「越級上訪」。他希望把外交事務控制在兩廣總督能控制的範圍，符合千百年來天朝上國和蠻夷的朝貢體系內。當英法聯軍兵臨廣州城下，葉名琛「高談尊攘，矯託鎮靜，自處於不剛不柔，不競不繡之間」。部下要求出兵，葉名琛就說：「必無事，日暮自走爾！」結果侵略軍非但沒走，炮聲更加強烈了。葉名琛端坐中軍帳，在督衙裡下棋寫字。據說廣州城破之日，葉名琛終於做了一件事：請道士作法逼退敵軍。

　　葉名琛的作為被認為「不戰不和不守，不降不死不走」，此「六不」翻遍二十四史都找不到第二個人。如此說來，葉名琛要為廣州失守負完全責任。

　　葉名琛是個昏庸無能、愚昧盲目的「六不」總督嗎？

　　葉名琛出身湖北漢陽普通人家，能做到兩廣總督，官居一品，自然有他的過人之處。葉名琛從小勤奮好學，年輕時「以詩文鳴一時」，中進士後歷任知府、道臺、按察使、布政使，逐步提升，直到道光二十八年（西元 1848 年）出任廣東巡撫。當時葉名琛剛過不惑之年，年紀輕輕驟降大任。如果沒有過人的才能和政績，清廷不會挑選漢人平民子弟葉名琛的。

　　葉名琛這個人是高手，尤其擅長理財和鎮壓叛亂。

　　葉名琛主政廣東時，太平天國運動爆發，長江中下游地區戰火紛飛，廣東和北京的中央朝廷聯繫疏遠了，遠隔嶺南。葉名琛依然在太平天國大亂中向朝廷長途輸送了上千萬兩的白銀。廣東本地也騷亂不止，葉名琛在廣州城內僅有一萬五千名兵勇，但陸陸續續進攻廣州城的起義軍超過二十萬人。葉名琛不僅守住了廣州城，還消滅了省內叛軍的主力。葉名琛的法寶就是殘暴鎮壓。葉名琛親自勾決犯人，多的時候每天處決俘虜近千人，平常每天也有八百名造反者被斬首。葉名琛在廣州屠殺了起義軍超過十萬人。

　　葉名琛因此獲得了「幹臣」的聲譽，深得皇帝寵信，累遷至體仁閣大學士、兩廣總督兼通商大臣，封一等男爵。

　　可見，葉名琛不僅不庸碌無能，而且還是官場沉浮的勝利者，老練凶狠，手腕高超，權傾兩廣。在大動盪的年月，葉名琛保持了兩廣地區的穩定，堪稱清王朝的嶺南一柱。

問題是，能幹的一代豪傑，為什麼在第二次鴉片戰爭中大失水準，無所作為，禍國禍己呢？

廣東處於中西交往的前線，葉名琛不乏與列強交往的經驗。可惜他只是採取強硬的姿態對外。第一次鴉片戰爭後，英國人要求進廣州城。葉名琛堅持條約中沒有明確允許洋人進廣州城，嚴詞拒絕。他聯合民團，嚴為戒備，掀起了近代史上著名的「入城與反入城」之爭。葉名琛對西方強硬了多次，都以西方的退讓告終，這讓他產生了西方列強是紙老虎不足懼的感覺。他思想中盲目無知的成分是不足取的，但這是當時士大夫階層對外的普通思想。他思想中強硬對外的另一面，在萎靡不振的世風中則顯得難能可貴了。

英法聯軍炮轟廣州，揭開第二次大規模戰爭的序幕。葉名琛的舉動讓人大失所望。他既沒有組織城內軍隊抵抗，也沒有發動群眾組織鄉勇團練，更沒有調動兩廣各地軍隊增援，甚至打擊官民抵抗的熱情。葉名琛這麼做，恰恰是總結豐富的經驗後的決策。他首先錯判了英法聯軍進攻意志，還以為英國人和法國人只是要挾點利益。對於訛財的無賴，別理他就行了。其次，葉名琛看到過裝備精良的近代軍隊。廣東的清朝正規軍拿著大刀長矛，只有少數火炮，還是明末清初造的。這樣的軍隊和英法聯軍一碰，不是羊入虎群，白白送死嗎？隨後的天津軍糧城之戰、通州八里橋之戰就是證明，而當時上場的清軍還是精銳的八旗鐵騎。再說了，葉名琛手頭也沒多少可以調動的軍隊。後人就批評了，葉名琛為什麼不武裝民團鄉勇，讓英法聯軍葬身「人民戰爭的汪洋大海」呢？廣東省經過了十年的戰亂，有多少青壯力能入伍從軍；廣東不斷輸送錢糧，支持朝廷鎮壓太平天國，還能有多少財力來武裝民眾？葉名琛手裡的兩廣總督府是一個被大亂拖耗殆盡的空架子。別忘了，南京的洪秀全就是

廣東人，太平軍被朝廷稱為「粵匪」，廣東起義不斷，亂軍隱藏在民間，葉名琛再去武裝民眾，朝廷斷然不會答應的。

站在葉名琛的角度來看，靜觀其變無所為是最現實的決策，雖然不是最好的。

葉名琛也不是什麼都沒做，在力所能及、實力允許的情況下搞了一些「小動作」。

比如葉名琛發揮保甲系統的作用，查詢為英法聯軍刺探情報或提供糧食的漢奸；向廣州市民發放身分證，防止奸細混入廣州城；懸賞銀元三十購買英法聯軍的首級；派出小股部隊對英法聯軍採取襲擾戰，殺死過英軍。所有小動作中最有成效的是，葉名琛派奸細去香港麵包房投放砒霜，讓許多英國人中毒，其中包括英軍司令包令的夫人。包令在給朋友的信裡寫道：「我們不得不時刻提防綁架、暗殺和縱火。」大批英國人怕得在戰爭期間避居澳門。

葉名琛還有一個「大動作」，就是對香港禁運。新安縣是香港主要的供給地，葉名琛就委託新安縣士紳陳桂藉組織對香港禁運。陳桂藉召開了全縣士紳大會，號召停止對香港的一切供給，陳桂藉還派人在通往九龍的交通要道上設卡，組織小型糾察船隊保障禁運。結果，香港的社會運轉出現了極大問題，在廣州作戰的英法聯軍的後勤也得不到保障了。英軍司令包令因此被撤職。

可惜，禁運是雙刃劍，廣東士紳多數從事對港貿易，禁運讓他們斷了收入。戰爭連年不絕，讓士紳不能繼續富貴安逸生活，還要承擔額外的戰爭捐款。廣東士紳普遍要求盡快結束戰爭，不再支付捐稅，無異於給葉名琛釜底抽薪。他們對戰爭的失敗也負有責任。禁運也讓廣東省收入大減，不能繼續輸送錢糧。葉名琛上報朝廷前線抵抗的情況。咸豐皇

帝卻批判他「輕啟邊釁」，對禁運造成的收入大減大為不滿（朝廷需要用錢呢），催促他儘早結束戰爭。葉名琛的處境越來越困難，後期處於無錢可用、無兵可調的窘境。

包令被免後，英國派額爾金爵士率領援軍進駐香港。額爾金猶豫了很久不敢進犯廣州，決定繞開葉名琛北上直接找清朝皇帝算帳。關鍵時刻，廣州的一艘官船被英軍截獲。英軍從船上的官文得知葉名琛已經無兵無錢，沒有一絲繼續抵抗的實力了。英法聯軍這才調轉槍口重新對準廣州。

歷史的一個偶然，讓葉名琛失去了一次全身退出戰爭，功成名就的良機。

晚清名士薛福成批判葉名琛「不戰不和不守，不死不降不走，相臣度量，疆臣抱負，古之所無，今亦罕有」。葉名琛從此戴了上百年「六不總督」的帽子。我們重新看看這「六不」：「不戰」其實是無兵可戰。兩廣正規軍遠在廣西鎮壓平民起義，又沒錢糧招募新軍；「不和」是葉名琛的思想觀念不允許他訂立屈辱的城下之盟。「不守」是誤解，葉名琛在力所能及的情況下防守了。「不死」反映了世人總是希望處於絕境的官員自殺，彷彿只有自殺才算殉國，才能對得起國家百姓。「不降」是應該的，是對葉名琛的讚揚。「不走」也是應該的，兩廣總督在戰亂中自然要堅守在廣州。而且朝廷律法規定，官員守土有責，棄城而逃者要砍頭。葉名琛困守廣州是唯一的選擇。

相反，廣東巡撫柏貴和廣州將軍在大難臨頭時，暗中通敵，讓英法聯軍輕易占領廣州。柏貴還組織了傀儡政府，協助侵略者管理廣州。與慨然被捕的葉名琛相比，我們更應該譴責柏貴等人。

世人為什麼強力譴責葉名琛呢？英法聯軍大肆宣揚「葉欽差辦理公

務不協」，為自己的出兵侵略行為辯解；而詆毀葉名琛也可以打擊他在廣州百姓心中的形象，讓百姓們以為故鄉淪陷是葉名琛造成的，便利傀儡政府的統治。英國人的做法正中柏貴等漢奸與主和的廣東士紳的下懷。他們以此來轉移人們對他們賣國行徑的注意。但是中央是知道葉名琛的實際作為的，為什麼也採取了批判葉名琛的做法呢？自古只有沒用的臣子，沒有昏庸的君主。葉名琛失守了廣州，咸豐皇帝則失守了北京，將國家推入了任人宰割的境地。從咸豐到朝堂上的袞袞諸公，都需要推卸自己的責任。

而最先失敗的葉名琛是最好的代罪羔羊。朝廷給他加上了「剛愎自用」的罪名，譴責他「有辜皇恩」。昨天的忠臣幹將，今天就成了人皆可殺的誤國奸臣。葉名琛便坐實了「六不」總督的罪名，百口難辯了。

百姓們對屈辱的鴉片戰爭深惡痛絕，對禍國殃民的奸臣恨得咬牙切齒，朝廷也需要樹立一個箭靶，讓百姓有一個發洩情緒的管道。於是「名聲不佳」的葉名琛中選了！

中國歷史有找人當代罪羔羊的傳統。皇帝總是正確的，上級也幾乎是全對的，錯誤都是下級和具體辦事人員造成的。相互推卸責任是古代官場的通病，要想不犯錯誤最簡單的方法就是千方百計不做事，俗話說「做得越多，犯的錯誤也越多」。明哲保身反而成為了官員必須修煉的本領。在這股陋習後面，不知有多少像葉名琛這樣被歪曲的歷史人物？

值得一提的是，葉名琛的最後歲月相當傳奇且讓人費解。西元 1859 年 1 月英軍將被俘的葉名琛送往香港，3 月轉往印度加爾各答囚禁。囚徒葉名琛保持了一品大員的高貴端正氣派，服裝整齊，舉止威嚴，得到了英軍軍艦官兵的敬重。軍隊抵達加爾各答時，葉名琛穿著整齊的清朝官服走上甲板，一邊向眾人鞠躬致謝，一邊儀表堂堂地登上印度的土地。

在印度，葉名琛自稱「海上蘇武」，可見他的思想底子還是傳統儒家的，英國人的殖民地在他眼中就是匈奴人的貝加爾湖，也可見他思念故國不屈服之心。4月，葉名琛死在加爾各答，沒有病徵。據僕人說，早在3月底葉名琛從國內帶去的食物已盡，又不允許僕人購買印度糧食，並拒絕食用英國人送來的食物。葉名琛是絕食而死的。

葉名琛之所以成為代罪羔羊，有自身的原因，因為他缺乏基本的國際視野和外交常識，在外交事務上多有失誤。也有時代的原因，比如廣東的爛攤子、太平天國內亂、清朝的實力與西方列強的實力不斷拉大等等。總體來說，葉名琛是個稱職的封疆大吏，並無愧對人民，他被選中做了代罪羔羊，可惜了。

無策略造反：

兩位太平天國大佬的死

西元 1863 年 6 月 11 日拂曉，在四川安順場地區陷入清軍重圍、苦戰多日難以突圍的太平天國翼王石達開決心率部死戰，不惜一切代價尋求突圍的可能。所謂的「困獸猶鬥」便是如此。

當日，石達開所部突圍到安順場東南的涼橋，部隊剩餘六千人，彈盡糧絕，實在無力再戰，陷入了絕境。清軍再次展開勸降工作，答應給太平軍殘部提供補給，並允許太平軍保留兩千人的武器，來換取石達開父子和主要太平軍將領來清軍營地投降。當天，石達開帶著五歲的兒子石定忠，和宰輔曾仕和、黃再忠、韋普成等人前往清營。部屬幾百人相送到涼橋橋頭。石達開等人緩緩過橋時，幾百人放聲大哭，拔刀狂砍崖石。至今涼橋東邊的一座山崖上還有斑斑刀痕。

石達開入營後，清軍放走了四千名太平軍殘部後違背諾言，圍殲了剩餘的兩千名太平軍將士，並將石達開等人押送成都。沿途官員懾於石達開的威名，生怕鬧事，不敢怠慢，好酒好菜供應著。石達開等人穿著太平天國的官服，昂然進入成都。四川總督駱秉章、成都將軍崇實等人會審兩天後，將石達開等人處死。清朝重慶府關於處決太平天國翼王石達開傳首示眾的札文，向我們展示了石達開的悲壯結局：「將發逆石達

開、曾仕和、黃再忠、韋普城驗明正身，綁赴市曹凌遲處死，將石逆首級用石灰醃罨木籠盛裝，以備解獻京師，傳示各省；餘賊首級即梟示四門，以昭炯戒。其石逆幼子石定忠著牢固監禁……」

6月27日，石達開在成都被凌遲。凌遲是一刀一刀割肉，讓人慢慢死去的酷刑。石達開臨刑前侃侃而談，毫無怯色，「梟傑之氣溢於眉間」。與他一起被凌遲的曾仕和文弱，經不住千刀萬剮的痛楚，慘叫起來。石達開制止他說：「怎麼就不能忍忍片刻？」他自己任憑劊子手割肉，至死默不作聲，死時年僅三十二歲。

石達開是太平天國起義最耀眼的明星之一。從金田籌劃起義到西征長江中游，從籌劃太平天國制度到開疆拓土，石達開是天國的中流砥柱，功勞卓著。石達開比其他起義的領袖要單純，革命熱情高漲，因此沒有介入高層爭權奪利的內訌和殺戮。天京事變之後，石達開對洪秀全徹底失望了，決定繼續革命，造反到底，憤而離京。他一路招賢納附，聚集了超過十萬人的龐大部隊，縱橫長江中下游，後進軍廣西、貴州、雲南、四川。他的壯舉一點都不比之前的任何一次起義遜色，可也沒有擺脫大多數平民起義的悲慘結局。

石達開的失敗主因是沒有成熟的策略思想。沒離開太平天國的時候，石達開就只注重行軍打仗，天王的指揮棒揮向哪就打向哪，卻沒有時間思考是戰是和、該打向哪的問題。離開太平天國後，除了最後終於有了占據巴蜀大地學古代割據君主稱王稱霸的相對成熟的策略思考外，石達開一直流竄作戰。在沒有後方的情況下，石達開所部缺衣少糧，力量不斷削弱。曾國藩一針見血地分析石達開的情況說：「既鈍於浙，鈍於閩，入湘後又鈍於永祁，鈍於寶慶，裹脅著人，願從者漸少，且無老巢以為糧臺，糧米須擄，子藥須搬，行且自疲於山谷之間。」石達開所部

在南征北戰過程中部隊分分離離，困難層出不窮。到安順場的石達開所部在三萬到四萬之間，長期征戰，沒有補給，急需休整。當時安順場還沒有清軍趕到，石達開完全可以從容渡過大渡河，卻逗留了三天三夜，沒有一兵一卒渡河。後世對石達開為什麼沒有抓住戰機全身而進做了許多猜測，主流看法是石達開所部來到大渡河邊時已經筋疲力盡，急需休整。

石達開兵敗大渡河之時，太平天國也走到了最後時刻。西元 1864 年 7 月，太平天國都城天京在熊熊烈火中失陷。攻入城中的湘軍曾國荃部和太平軍殘部展開了激烈的巷戰，零星戰火隨著突圍而出的太平軍官兵和追擊的湘軍蔓延到天京周邊地區。

23 日，天京郊區的方山丁村來了一夥披頭散髮的太平天國殘兵敗將。見追兵已遠，幾個官兵停下來喘口氣。其中有一個錦衣玉帶的將軍，踉蹌地走到村邊的一座破廟，倒地就睡。少許時候，他被爭吵聲驚醒。原來這個將軍的隨身包裹攜帶了許多金銀珠寶，掉地外露，引起了村民哄搶。村民越聚越多，將軍制止不住，聽憑村民們因為分贓不均打鬥起來。有兩個村民，分別叫做陶大來和王小二，可能來晚了，沒有搶到財寶，索性將精疲力竭的將軍捆綁起來，解送清營請賞。

二人不知道，他們擒拿住的正是朝廷和湘軍的心腹大患、太平天國後期的主要決策者之一、忠王李秀成。

李秀成在供狀中描述自己被捕的經過：「這幫百姓密藏於我，那幫百姓得我寶物，民家見利而爭，……因此我藏不住，是以被兩國（個）奸民獲拿，解送前來。」兩江總督、湘軍首領曾國藩看到供狀後，提起硃筆把「是以被兩國奸民」七字勾去，將「獲拿」兩字調換位置改為「遂被曾帥官兵拿獲」，後來覺得不夠到位，把「官兵」改為「追兵」，一下

子就營造出了湘軍將士日夜辛勞、奮勇追捕李秀成的氣氛。

據此，曾國藩向朝廷報捷：擒獲要犯李秀成！他的奏摺是這麼寫的：「偽忠王李秀成一犯，城破受傷，匿於山內民房，十九夜，提督蕭孚泗親自搜出。」蕭孚泗莫名其妙地就因為「搜獲李秀成」有功，被封為一等男爵。李秀成在清廷心中的地位可見一斑。

28 日，曾國藩趕到南京親審李秀成。李秀成已經在嚴刑之下遍體鱗傷了，那是曾國荃拷打逼供的結果。曾國藩對李秀成很客氣，沒有為難他，寒暄過後建議李秀成將想法寫下來。剛好李秀成有滿肚子的話，包括對個人的總結，對太平天國運動的看法，想寫下來，很爽快地接受了曾國藩的意見。在之後的九天時間裡，在悶熱窄小的囚籠中，李秀成奮筆疾書，留下了寶貴的手稿。

在這份被稱為〈李秀成自述〉的手稿中，李秀成回憶了太平天國興衰的歷程，試著分析了太平天國失敗的教訓。太平天國取得前期的輝煌勝利後，不思進取、文恬武嬉。洪秀全分上千個王。太平天國地盤不大，王爺遍地都是，大家忙著找王娘、造王府、拉大旗，忙著享受，從來沒有思考過天國何去何從、前途命運如何、策略戰術是否得當等問題。事實上他們也沒有能力思考那樣的大問題。昨天還在種地，今天就要思考國家大事，怎麼可能呢？

李秀成也沒有成熟的策略思考。太平天國後期，洪秀全坐困天京，陳玉成經營安徽等地，李秀成則進軍上海、浙江和蘇南，大家形不成合力，各自為政。李秀成把老巢蘇州修得牢牢的，王府築得金碧輝煌，把兵力分散到江浙各地。

將領們關注的是享受和地位，根本不關心起義的成敗。後期李秀成組織幾十個王爺十幾萬軍隊勤王天京，結果各王萎縮不前，硬是沒打敗

幾千猛攻天京的湘軍，最後一哄而散。如果太平天國能有成熟的策略思想，各部同心協力，雖然不一定能推翻清廷但起碼也繼續堅持多年。

在經濟和社會制度上，太平天國制定過絕對平均主義的《天朝田畝制度》，標榜財富公有，建立平均分配同甘共苦的社會結構。為此太平天國建立了各級聖庫制度。外人以為天京的聖庫必然珍寶滿屋，匯聚了十幾年的天國寶藏。但湘軍在破城後並沒發現聖庫寶藏，為此還被朝野指責貪汙了戰利品。曾國藩專門就此事問過李秀成。李秀成說，太平天國的確有聖庫之名，但後來成為了洪秀全的私藏，並非公有。太平天國的官兵沒有俸餉，當權者都用窮刑峻法蒐括各地的銀米。因此，即便是富庶的蘇州，也沒有公帑積貯。總之，太平天國空有制度設計沒有實質執行。

石達開、李秀成在歷史上的同道們，那些起義首領們，大多和石、李一樣英雄一時難免覆亡的命運。究其原因，他們都沒有為造反和革命找到成熟的策略思想。歷史上那些失敗的起義都是「無策略造反」，憑意氣驍勇橫衝直撞一番，甚至占領過大半個天下殺過皇帝，最終還是被舊王朝撲滅了。少數成功的起義，都有成熟的策略思想，比如恢復六國先入關中者為王、直取長安先建新朝再爭天下、深挖洞廣積糧緩稱王。這三次造反分別建立了漢朝、唐朝和明朝。遺憾的是，新王朝的建立者都是舊王朝的官僚和知識分子階層，沒有平民將領。

雖然大明王朝的開國皇帝是當過乞丐的平民朱元璋，但他也被地主出身的謀士說服，溺死平民起義名義首領小明王，把屁股挪到舊王朝的統治階級那邊了。成功策略的制定和執行，需要開闊的視野、深邃的洞察力和紮實的文化基礎。拿起槍造反的平民弟兄們不具備這些特質，只有官紳士人階層才有可能提出成功的策略。一旦官紳士人階層混入平民

造反隊伍掌握領導權，平民起義才有成功的可能。但日後坐江山的就是那些舊官紳和士人們，沒有浴血奮戰的平民兄弟們什麼事了。

8月7日，曾國藩又一次來找李秀成。他為難地表示「國法難逭，不能開脫」，特地來給忠王送別。當天傍晚，李秀成在天京從容赴死。曾國藩的幕僚趙烈文在《能靜居日記》中記述了李秀成的最後時光。趙烈文幾天前就問過李秀成有什麼打算，李秀成回答：「死耳。」曾國藩通知李秀成死刑的時候，在場的趙烈文看到李秀成「無蹙容」，赴刑場途中「譚笑自若」。臨刑，李秀成寫了絕命詞十句。趙烈文說這十句都是對太平天國的忠誠詩句，其中四句是：

> 英雄自古披肝膽，志士何嘗惜羽毛。
>
> 我欲乘風歸去也，卿雲橫亙斗牛高。

戰將與戰陣：

方伯謙案的定罪分析

西元 1894 年（光緒二十年）9 月 17 日下午 1 點 50 分，往朝鮮運兵的北洋艦隊在黃海大東溝與日本艦隊遭遇。雙方爆發了黃海大海戰。兩軍鏖戰到下午 3 點 30 分左右時，北洋艦隊第四分隊的「濟遠」號突然掉轉船頭，管帶方伯謙在眾目睽睽之下，指揮本艦駛離戰場。與濟遠艦同隊的僚艦「廣甲」號見主艦脫離戰場，也隨之撤走……

18 日凌晨兩點多鐘，濟遠艦緩緩駛進旅順軍港。方伯謙匆匆下船，向旅順營務處奏報：「輪上陣亡七人，傷者甚多，船頭裂漏水，炮均不能施放，駛回修理。」雖然方伯謙聲稱是軍艦因傷撤回，可畢竟是脫離艦隊私自歸港，所以營務處將方伯謙當場羈押。

東方漸白時，水師提督丁汝昌帶著傷痕累累的北洋艦隊的其他艦也返回了旅順軍港。丁汝昌隨即給北洋水師的總後臺李鴻章發電報匯報海戰情形，提到「『濟遠』亦回旅」。丁汝昌因在戰鬥中身負重傷，發電後即將艦隊的指揮權暫交旗艦「定遠」號管帶劉步蟾行使。

李鴻章對海戰極為關注，回電特意詢問：「此戰甚惡，何以方伯謙先回？」劉步蟾以丁汝昌的名義發了兩份電報給李鴻章，匯報濟遠艦的情況。他說濟遠艦在戰鬥中被日本艦隊攔截在陣外，「及見『致遠』沉沒，

首先駛逃，『廣甲』繼退……『揚威』艙內亦被彈炸，又為『濟遠』當腰觸裂，駛至淺水而沉。」「『濟遠』首先逃避，將隊伍牽亂，『廣甲』隨逃，若不嚴行參辦，將來無以做效尤而期振作」。劉步蟾的電報將方伯謙率艦回港定性為私逃，並列舉了三大罪狀：臨陣脫逃，牽亂隊伍，撞沉揚威艦。李鴻章採信劉步蟾的說法，上奏朝廷：「茲據丁汝昌查明，致遠擊沉後，該管駕方伯謙即行逃走，實屬臨戰退縮，應請旨將該副將即行正法，以肅軍紀。廣甲管帶澄海營守備吳敬榮，亦隨濟遠逃至中途擱礁，咎有應得，唯人尚明白可造，可否革職留營，以觀後效。」

22 日，朝廷下令將方伯謙「撤任，派人看管候奏參」。第二天，李鴻章即接到諭旨，認為「濟遠管帶、副將方伯謙首先逃走，致將船伍牽亂，實屬臨陣退縮，著即行正法」。

24 日凌晨，監牢中的方伯謙尚在睡夢中，就被行刑隊駕出牢房。5 點鐘，方伯謙在旅順黃金山下刑場被正法，時年四十二歲。

方伯謙被殺發生在甲午戰敗的非常時期，贏得了舉國上下的一片叫好。臨陣脫逃拖累整個艦隊的害群之馬、千夫所指的懦夫，哪有不殺之理？與在海戰中壯烈犧牲的鄧世昌、林永升等同僚相比，方伯謙的形象渺小而可憎。可是在群情激昂的大環境下，人們忽視了「方伯謙案」的疑點。首先，沒有經過正常的審訊，也沒有公開執法；其次，朝廷 22 日下令將方伯謙撤職候參，23 日下令將方伯謙正法，24 日凌晨方伯謙就被殺，未免太過倉促。最令人擔心的是，經過認真調查了嗎？有沒有確鑿的證據證明，方伯謙的確犯下了那三大罪？

直到 1950 年代，仍有倖存的北洋水師老水兵出面指證方伯謙貪生怕死、畏敵脫逃。可仔細分析「臨陣脫逃」是主觀性很強的罪狀。要證明一個人臨陣脫逃，需要強大的證據。黃海海戰的親歷者似乎都可以作為

方伯謙「臨陣脫逃」的證人，但人證就一定是準確的嗎？

方伯謙被殺的第二年，一本叫做《冤海述聞》的書出版，描述了濟遠艦在海戰中中彈數十處、炮盤熔化、炮械全壞，管帶方伯謙為了儲存戰艦才退出戰鬥。該書認為方伯謙案是冤案。這本書的作者署名「冤海述聞客」，不敢以真名示人（當時的環境對方伯謙不利，且方案是朝廷欽定的），但史學家考證這位作者是濟遠艦幫帶大副何廣成。黃海海戰時他就在濟遠艦上，是濟遠艦脫離戰場事件的當事人。他的意見有相當的權威性。之後還陸續有人為方伯謙喊冤。海軍人士池仲佑在 1917 年至 1918 年成書的《海軍大事記》中說「方伯謙被讒以逃軍軍前正法，軍中冤之」。1930 年代初方念祖在《黃海潮報》上著文為方伯謙辯駁。亦有歷史系教授發表意見，直指方伯謙是被劉步蟾陷害的。

這些質疑的聲音被鄙視、仇恨方伯謙的大浪潮給淹沒了。近代中國人承擔了強國夢想和弱國現實之間的巨大心理落差，對方伯謙這樣的案子特別敏感。當 1930 年代中日戰爭爆發的時候，中國人一度以「勿作方伯謙第二」相互激勵。在這樣的大環境下，方伯謙注定只能做一個大反派。後來甚至有電影將方伯謙刻劃成自私、懦弱的叛國者，方伯謙臨陣脫逃的事情就成為多數中國人的定論。

隨著時間的推移，人們逐漸開始理性地重審方伯謙案。有人證明方伯謙的確罪有應得，也有人質疑方伯謙的罪行，認為方伯謙案是甲午海戰後李鴻章、丁汝昌等人在全國人民的壓力下為推卸戰爭責任而捏造罪名的替罪之舉。1987 年有人發現了甲午海戰時充任「廣甲」巡洋艦管輪的盧毓英的手稿《盧氏甲午前後雜記》。這本極具歷史價值的書承認在海戰中首先逃跑的是廣甲艦，而不是濟遠艦，還承認濟遠艦撤離戰場時喪失了作戰能力。形勢朝著為方伯謙翻案的方向發展。1991 年 9 月 14 日，

「甲午海戰中之方伯謙問題研討會」召開，與會專家學者傾向認為方伯謙是被冤枉的。但在 1994 年於威海召開的「甲午戰爭 100 週年國際學術討論會」上，學者們依然認為方伯謙臨陣脫逃。

回到案件本身。

方伯謙，福建福州人，福州船政學堂第一期學生，並留學英國學習海軍，在英國海軍實習。歸國後，方伯謙先後在福建水師和北洋水師任職，參加了中法戰爭和甲午戰爭，是北洋艦隊中唯一一位參加了兩次海戰的管帶。李鴻章很器重方伯謙，給了方伯謙副將銜，實任濟遠艦管帶，還說方伯謙辦海軍出力，賞給他捷勇巴魯圖勇號。西元 1894 年 4 月下旬，濟遠艦、超勇艦二艦組隊護送清軍赴朝鮮鎮壓朝鮮內部起義，濟遠管帶方伯謙為隊長。方伯謙在朝鮮海岸看到日本軍艦、軍隊往來不絕，軍需物資難以確數，意識到戰爭。歸國後，方伯謙上書李鴻章，建議備戰，主張北洋水師增加戰艦，依託基地準備營地。方伯謙的意見剛遞上去，中日甲午戰爭就爆發了。從經歷上看，方伯謙是一個專業的將領。

要為方伯謙翻案，關鍵是要解釋濟遠艦私自脫離艦隊、逃回軍港的動機。到底是方伯謙畏敵逃脫呢，還是另有隱情？認為方伯謙無辜的一方指出，濟遠艦激戰近兩個小時後，受傷嚴重，中彈數十處，炮械損毀不能再使用了；艦上有七人陣亡，大副沈壽昌、二副柯建章不幸中炮，壯烈殉國，另有十三人受傷。方伯謙見軍艦無法再戰，為避免無謂的犧牲，主動「脫離」戰場。西方海軍法規允許軍艦盡力後為儲存實力而撤退。方伯謙留學英國，軍事理論嫻熟，肯定知道這一條西方的免罪原則。回國後，方伯謙是北洋艦隊中三名參加《北洋海軍章程》起草工作的軍官之一。《北洋海軍章程》仿照西方海軍法規制定，方伯謙自然認為

中國的海軍軍規同樣適應這條免罪原則，所以在羈押期間就請求朝廷對濟遠艦進行查驗，為自己開脫。方伯謙沒有想到，朝廷根本就沒有查驗濟遠艦就下令處死他了。

至於撞沉揚威艦一罪，有人指出揚威艦中炮起火，先於濟遠艦撤退，撤退方向是大鹿島。第二天，在大鹿島附近擱淺的揚威艦被日本海軍用水雷擊沉。濟遠艦在揚威艦撤退之後脫離戰場，駛往與大鹿島反方向的旅順港，不可能撞擊揚威艦並給後者以重創。難道說濟遠艦逃跑途中，特地跑到大鹿島撞了揚威艦後，再掉頭前往旅順？

至於牽亂陣形一罪，有人認為當時揚威艦脫離戰場、致遠艦已經沉沒、經遠艦即將沉沒，北洋艦隊的陣形已經大亂了。濟遠和廣甲二艦的主動脫離，的確惡化了己方陣形，但不能把陣形大亂的責任推到濟遠艦身上。況且戰鬥一開始丁汝昌受傷而去，劉步蟾代替指揮，一度打亂旗語，擺錯了陣形。後來陣形大亂，劉步蟾負有指揮責任。

相信方伯謙無辜的一方據此認為方伯謙戰中私自「脫離」戰場，的確有罪，但並非朝廷給他扣上的三大罪。

堅持方伯謙有罪的一方翻出了方伯謙畏敵的歷史。在大東溝海戰之前的豐島海戰中，濟遠艦與日本艦隊遭遇。方伯謙見敵人勢大，下令濟遠艦逃跑，日艦「吉野」號緊緊尾隨。方伯謙竟然下令懸掛白旗，後又加掛日本海軍旗投降。吉野艦緊追不捨。濟遠艦上的水手不忍投降，用尾炮向吉野艦連發四炮，命中三炮。吉野艦中彈起火，停止追擊，濟遠艦安全逃離。回到威海基地後，方伯謙謊報濟遠與日軍鏖戰四個小時，並擊斃日本提督等戰績。

從北洋水師的權力結構來看，方伯謙是李鴻章、丁汝昌等人的親信，是李、丁等高層控制北洋水師的重要支柱。北洋水師是淮軍的禁

孌，丁汝昌更是李鴻章從淮軍中直接空降到海軍來的。無奈，北洋水師中盡是劉步蟾、方伯謙、鄧世昌等留學高材生，思維活躍，輕視陸軍，而且自成一隊（他們幾乎全是南方人，李、丁是北方人），對李、丁等人並不怎麼服從。方伯謙是出身福建的「閩黨」中唯一對李鴻章、丁汝昌等人恭敬聽從的將領。李鴻章提升、重用方伯謙，除了看重他的專業技能外，還有藉助方伯謙控制、穩定北洋水師的用意。如果說要找代罪羔羊，李鴻章為什麼要找地位特殊、可資重用的親信，而不拉出幾個平日裡就不服管教的異類分子呢？戰敗的海軍艦長不只方伯謙一人，具有代罪羔羊「潛質」的將領很多，為什麼就是選中方伯謙呢？

最好的解釋就是：方伯謙不是代罪羔羊，而是罪有應得。即使是李鴻章也「罩」不住他了。

首先，方伯謙的確是臨陣脫逃。方伯謙聲稱濟遠艦在海戰中重傷，喪失了戰鬥力。實際情況是，參戰的三艘防護巡洋艦中，致遠艦直至沉沒前都在抵抗，靖遠艦中彈一百一十發仍堅持戰鬥，而濟遠艦中彈十五發就「喪失」戰鬥力了。在航速上，濟遠艦低於致遠、靖遠，與來遠艦相仿。按說，航速慢的軍艦中彈會比較多，那為什麼濟遠艦中彈遠遠低於速度更快的靖遠艦呢？為什麼速度相仿的來遠艦中彈兩百二十五發呢？濟遠艦極可能沒有盡力戰鬥。那有沒有可能，敵人的十五發砲彈全部打中濟遠艦的要害部位，摧毀了濟遠艦的戰鬥力呢？濟遠艦有大小炮二十門，十五發砲彈顯然不能摧毀軍艦的全部戰鬥力。戰後受命調查各艦傷情的洋員戴樂爾指出，濟遠艦主炮炮尾炮套上有被錘擊的跡象。方伯謙稱濟遠艦耗彈八十顆，而洋員調查濟遠艦隻發炮三十枚而已。如此看來，方伯謙是在濟遠艦依然擁有戰鬥力，兄弟艦隻浴血奮戰的情況下逃脫的，事後還虛報軍艦損傷情況，自己砸傷大炮，非常惡劣。

關於撞沉揚威艦一事，有人考證出濟遠艦的確是先跑去撞了揚威艦，再掉頭跑回旅順的。日本海軍第一游擊隊的航海日誌記載曾經往大鹿島方向追擊逃跑的濟遠、廣甲兩艦。大鹿島有一點吸引著方伯謙。因為那裡是淺水區，可以躲避吃水深的日本軍艦的追擊，待擺脫日軍後再尋路逃脫。

誰想，濟遠艦慌不擇路，撞上了早在大鹿島躲避的揚威艦，致使揚威艦重傷難以逃脫，第二天被日軍魚雷擊毀。有人指出，方伯謙報告的濟遠「船頭裂漏水」的傷情也與撞船事件吻合，可作為佐證。

說到劉步蟾陷害方伯謙，劉步蟾的確與方伯謙「互看不順眼」，但說「陷害」缺乏證據。他向李鴻章匯報的濟遠艦情況是屬實的。在方伯謙死後近五個月後（1895 年 2 月 10 日），劉步蟾眼看北洋艦隊被困在劉公島，彈盡糧絕，陷入死局，他炸沉了親自監造並一直駕駛的定遠艦，然後服毒自殺，當時 44 歲。兩相比較，即使劉步蟾也存在缺點，但在軍人氣節上，方伯謙遠不如他。

北洋水師全軍覆沒了，李鴻章苦心經營的新政、固執堅持的「海防」大略也宣告失敗了。而堂堂大清朝輸給日本的殘酷現實讓朝野上下激憤難平。負有直接領導責任的李鴻章成為了眾矢之的，面臨巨大的壓力。當時彈劾李鴻章和淮系勢力的摺子滿天飛，堆起來差不多能壓死李鴻章。內外交困的李鴻章必須對天下有所交待。在這個關頭，深受器重卻臨陣脫逃的方伯謙就成為了最好的宣洩途徑。

在王朝政治的運作遊戲中，上下級關係帶有封建色彩。上級罩著下級，有福同享，有難也得同當，下級也要為上級分擔風險、承擔責任。老闆讓員工去試試激流深淺、去踩踏地雷陣，員工也得硬著頭皮上。方伯謙是李鴻章的親信，又犯下了大錯，關鍵時刻他不去承擔一切，誰去？

方伯謙有無臨陣脫逃，定罪是否恰當？這個問題還將繼續爭論下去。除了缺乏「重磅」證據外，此案主觀色彩濃厚也是個原因。

嚴復是方伯謙福建船政學堂輪船駕駛專業的同學，也是同赴英國留學的同學。歸國後，兩人走上了不同的發展道路。聽到老同學的死訊後，嚴復感嘆：「同學諸友，除方益堂（方伯謙字益堂）一人外，無不見危授命……聞方益堂聞炮即遁，倉促將黃建勛之超勇衝倒，方太無賴矣！」但嚴復也指出，在甲午戰爭中，衛汝貴、葉志超等人臨陣脫逃、虛報戰功，罪過比方伯謙更大，危害更大，但因為有人庇護，最後都保全了性命。「故雖殺百方伯謙，於軍實又何所補耶？」甲午戰敗是中國積貧積弱，輸給了奮發圖強的日本，原因層層疊疊，非方伯謙畏戰脫逃一個行為造成的。讓方伯謙一人承擔甲午戰敗的罪責，的確有失公允。

一部近代史，見證了殺敵報國、無畏犧牲的悲壯歷史。而方伯謙最大的罪過就是在全國同仇敵愾，人人奮勇殺敵的時候，不管出於什麼思想，離開了戰場。我們拋開定罪是否恰當不說，陣地是將軍的死地也是生地，方伯謙自棄陣地，不是棄生尋死、愧對天下，是什麼？

後記

感謝讀者購買、閱讀本書。

歷史有一個傳統，就是喜歡褒貶人物、評論古今。歷史人物和事件都罩上了一層濃厚的對與錯、善與惡的面紗。身為聽書人和閱讀者的後來人，常常在耳濡目染或者字裡行間之中就先入為主地接受了前人的評判。前人的評判中固然不乏真知灼見，但對當事人對後來者都是不公平的。現在，歷史學領域掀起了一股重新解讀歷史人物、考證還原事件真相的熱潮。許多面紗被掀開，在這股風潮中，用法律眼光考評歷史是重要的方法。法律的方法的最大特點就是懷疑的精神。它勇於深入人性最醜惡的領域，用嚴謹的推移，吹去歷史迷霧，還原真相，辨析對錯。本書就是沿襲了這種懷疑精神，歷史案件作為各種矛盾激化的產物，糾結了各色人物和社會活動，能集中反映歷史。用法律之矛刺穿歷史案件的外殼，裡面的歷史真相便會顯露出來。這就是我創作本書的初衷。

雖說是歷史案件，但書中的許多案子並非歷史上明文記載。它們分別選自《水滸傳》、《官場現形記》、《儒林外史》、《醒世恆言》等古代小說。但這絲毫不影響全書的真實性。相反，一些揭露社會陰暗面的案子只有非官方甚至是受到官方打壓的古代小說才能記載。案子肯定有作者虛構的成分，但社會現實更是真實的。我們從這些歷史作品中更容易接近歷史的真相。

後記

　　每一本書都是作者的孩子，傾注了作者的心血。雖然有諸多的不滿意，作者還是希望能夠得到讀者的認可。當然，我非歷史專業出身，全書的史料遴選和觀點推敲難免存在錯誤，我對這些錯誤負責，也請各位讀者手下留情。

　　謝謝大家！

張程